WILLY SCHNEIDER

WAS MAN ÜBER MUSIK WISSEN MUSS

MUSIKLEHRE FÜR JEDERMANN

ED 4205

SCHOTT

Mainz · London · New York · Tokyo

© Schott u. Co., Ltd., London 1954,

Druck: Mainzer Verlagsanstalt u. Druckerei Will u. Rothe KG, Mainz

Verlag: B. Schott's Söhne Mainz

Printed in Germany · BSS 38 693

ISBN 3-7957-2811-8

INHALT

VORLÄUFER DER HEUTIGEN NOTENSCHRIFT

Ein berühmter Gelehrter der christlichen Frühzeit, der Bischof Isidor von Sevilla (560—636), schrieb in einer seiner Chroniken: *»Musik vergeht, sofern sie nicht vom Gedächtnis festgehalten wird, denn aufschreiben kann man sie nicht.«*
Gegen Ende des Mittelalters — also 1000 Jahre später — war es aber möglich geworden, Musik bis in kleinste Einzelheiten aufzuschreiben.
Also auch die Notenschrift hat ihre Geschichte, und wir wollen ganz kurz zurückblicken, um zu sehen, wie sie sich entwickelt hat. Die ältesten uns aus dem frühen Mittelalter überlieferten Notenschriftzeichen sind die *Neumen*. Dies sind Zeichen, die den heutigen Stenographiezeichen ähnlich sind. Sie wurden zunächst ohne Linien notiert und gaben nur die relative Tonhöhe an.

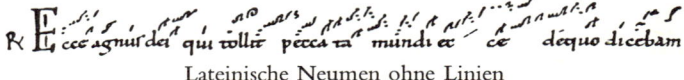

Lateinische Neumen ohne Linien

Die absolute Tonhöhe sowie die Tondauer waren damit noch nicht fixierbar. Um die Unbestimmtheit der Tonhöhe zu überwinden, schrieb man die Neumen später auf eine oder mehrere Notenlinien. Der Mönch Guido von Arezzo (990—1050) erfand ein Liniensystem, das als direkter Vorläufer des heutigen anzusehen ist.

Neumen in der Handschrift des Guido von Arezzo

Die oberste Linie ist grün, die nächste schwarz, die dritte rot und die unterste wieder schwarz

Unmittelbar aus den Neumen entwickelte sich die noch heute zur Aufzeichnung gregorianischer Melodien benutzte romanische Quadratnote.

Romanische Quadratnote

Vom 13. bis gegen Ende des 16. Jahrhunderts wurde die *Mensuralnotenschrift* entwickelt (Mensur = Maß). Durch sie wurden die Noten auch ihrer *Dauer* nach festgelegt. Taktstriche in unserem Sinne wurden noch nicht verwendet.

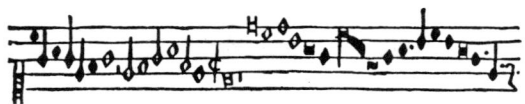

Mensuralnoten

Etwa um 1600 war die heutige Notenschrift entwickelt.

DIE HEUTIGE NOTENSCHRIFT

Unser Tonsystem läßt sich auf sieben Stammtöne zurückführen, die sich in gleicher Aufeinanderfolge in den hohen und in den tiefen Tonlagen wiederholen. Der Abstand von einem Ton bis zum nächstfolgenden gleichnamigen heißt *Oktav* (= 8 Töne). Die sieben Stammtöne heißen:

deutsch: c, d, e, f, g, a, h,
englisch: C, D, E, F, G, A, B,
italienisch: do, re, mi, fa, sol, la, si,
französisch: ut, re, mi, fa, sol, la, si,
Tonika-Do: do, re, mi, fa, so, la, ti.

Die Töne werden schriftlich durch Noten wiedergegeben.

Wir schreiben die Noten auf ein 5-Linien-System. Die untere Linie zählen wir als erste.

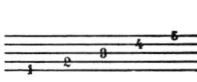

6

Aus den 5 Linien ergeben sich 4 Zwischen-
räume, sie werden ebenfalls von unten
gezählt.

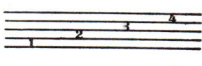

Um die Namen der Noten in den verschiedenen Tonlagen bestimmen zu können, bedient man sich sog. Schlüssel.

Der Violinschlüssel ist ein G-Schlüssel, d. h. er
bezeichnet die Note G, die auf der von ihm um-
schlungenen 2. Linie des Systems steht.

Der Baßschlüssel ist ein F-Schlüssel, d. h. er bezeichnet die Note F, die auf der von ihm mar-
kierten 4. Linie des Systems steht.

Der Altschlüssel ist ein C-Schlüssel, ebenso der *Sopran-* und der
Tenorschlüssel. Jeder dieser C-Schlüssel gibt den im Liniensystem
verschiedenen, in der Tonhöhe aber gleichen Stand der Note C an.

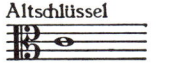

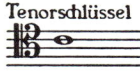

Zur Notierung höherer und tieferer Noten verwendet man Hilfslinien, d. h. abgekürzte Notenlinien.

Um zuviel Hilfslinien bei den höchsten und tiefsten Noten zu
vermeiden, notiert man die höchsten Noten eine Oktave tiefer
und setzt das Zeichen *8va* ········¡ darüber; sehr tiefe Noten
schreibt man eine Oktav höher und setzt das Zeichen *8bassa*······¡
darunter, z. B.

Um die Töne in ihren verschiedenen Höhenlagen benennen zu
können, bezeichnet man das mittlere c als das eingestrichene c
(c'); die darüberliegenden Töne von d bis h werden ebenfalls
mit einem Strich versehen. Es folgen die zweigestrichene Oktav
c" bis h", die dreigestrichene c''' bis h''', die viergestrichene c''''
bis h'''' usw.

TABELLE DES TONUMFANGS

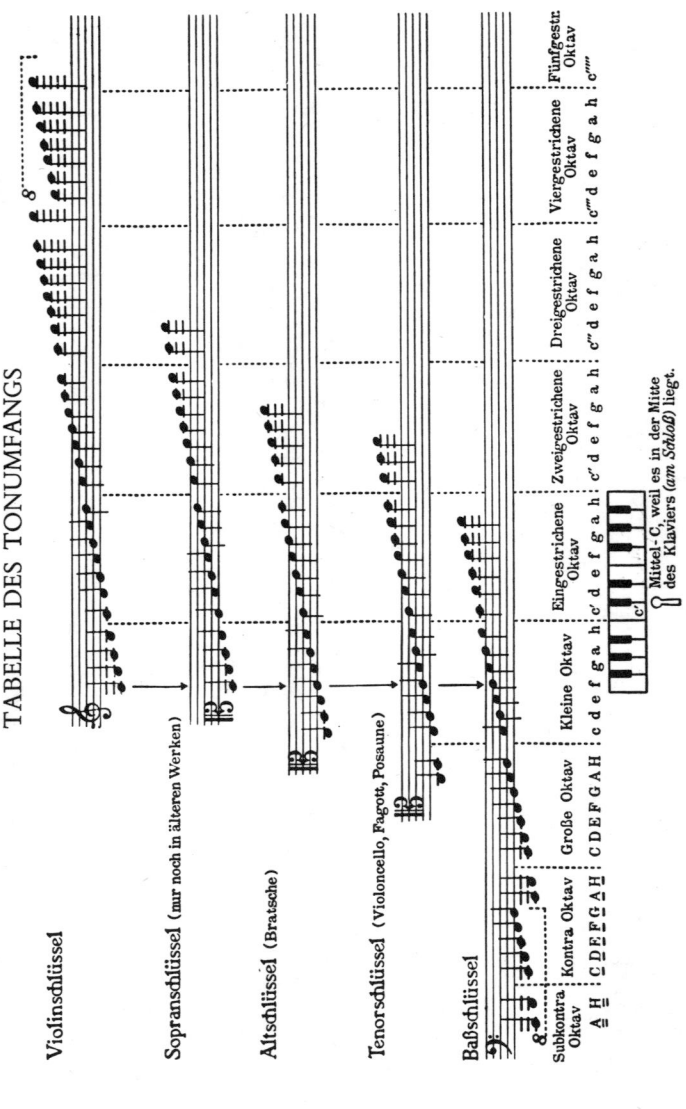

Die Reihe unter dem c' ist die kleine Oktav (c—h); sie wird durch *kleine* Buchstaben gekennzeichnet. Unter der kleinen Oktav liegt die *große* (große Buchstaben, C bis H), darunter folgt die *Kontraoktav* (C, bis H,), darunter noch einige Töne der *Sub-kontraoktav* (A,,, B,,, H,,) die auf dem Klavier, der Orgel oder dem 5saitigen Kontrabaß noch zu spielen sind.

Die Lage des Mittel-C (c') bei den verschiedenen Schlüsseln ist aus der Tonumfangtabelle (Seite 8) ersichtlich.

DIE NOTENWERTE

Musik ist eine *Zeitkunst*, im Gegensatz zur Architektur und Bildhauerei, die *Raumkünste* sind.

Wie die Länge einer Strecke nach km und m, die Flüssigkeit nach hl und l, das Gewicht nach t, kg und g gemessen werden, so werden die Notenwerte nach *Zeiten* oder Schlägen gemessen. Diese Werte stellen keine absoluten dar, sondern relative, d. h. sie richten sich nach dem *Tempo* (Schnelligkeit). Durch Teilung des größeren Wertes ergibt sich jeweils der nächstkleinere Wert:

Tabelle der Notenwerte

Die ganze Note

= 2 Halbe

= 4 Viertel

= 8 Achtel

= 16 Sechzehntel

= 32 Zweiund-dreißigstel

Ein Punkt *hinter* der Note verlängert die Note um die Hälfte ihres Wertes:

Der 2. Punkt hinter der Note verlängert die Note um die Hälfte des 1. Punktes:

Die Verlängerung einer Note kann auch dadurch erfolgen, daß eine Note mit einer zweiten durch einen *Haltebogen* (Ligatur) verbunden wird. Die zweite Note wird nicht angespielt.

Die Notenwerte können auch in anderer Weise als durch Halbierung untergeteilt werden. Bei Dreiteilung entstehen *Triolen*, bei Fünfteilung *Quintolen*, bei Sechsteilung *Sextolen* (Zusammenfassung von 3 × 2 Noten, im Gegensatz zur Doppeltriole, die 2 × 3 Noten zusammenfaßt).

1/4 – Triole	1/8-Triole	1/16-Triole	Quintole	Sextole
3 auf 1/2	3 auf 1/4	3 auf 1/8	5 auf 1/4	6 auf 1/4

Wenn statt drei Noten eines Wertes zwei verlangt werden, entsteht die *Duole* und bei vier statt drei Werten die *Quartole*.

Duole	Quartole
2 auf 1 punk-tiertes Viertel	4 auf 1 punk-tiertes Viertel

TAKT UND TAKTARTEN

Jedes Musikstück wird durch Taktstriche in untereinander gleiche Abschnitte eingeteilt, die man Takte nennt.

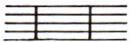

Die erste Note hinter dem Taktstrich wird betont. Je nachdem, ob der betonten Schlagzeit eine oder zwei unbetonte Schlagzeiten folgen, unterscheidet man zwischen *zweiteiligem* (geradem) oder *dreiteiligem* (ungeradem) Takt.

Der Takt wird meistens hinter dem Schlüssel durch einen Bruch angegeben, dessen Nenner die Zähleinheiten angibt und dessen Zähler anzeigt, wie viele solcher Zähleinheiten in einem Takt vorkommen.

$\frac{2}{4}$ oder $\frac{2}{2}$ auch $\frac{2}{2}$

Es gibt sowohl bei den zweiteiligen wie auch bei den dreiteiligen Taktarten *einfache* und *zusammengesetzte*. *Einfache* Taktarten sind alle, deren Zähler zwei oder drei Zähleinheiten enthalten: $^2/_4$, $^2/_8$ und $^3/_4$, $^3/_8$. Zusammengesetzte Taktarten sind solche, bei denen zwei oder mehrere Taktarten miteinander verbunden sind.

$$^4/_4 \ (\mathbf{(C)}) = \ ^2/_4 + \ ^2/_4$$
$$^6/_4 \qquad = \ ^3/_4 + \ ^3/_4$$
$$^6/_8 \qquad = \ ^3/_8 + \ ^3/_8$$
$$^9/_8 \qquad = \ 3 \ \times \ ^3/_8$$
$$^{12}/_8 \qquad = \ 4 \ \times \ ^3/_8$$

$^1/_2$, $^2/_2$ ($\mathbf{(\math00A2)}$), $^3/_2$, $^4/_2$ = alla breve, d. h. Halbe zählen oder schlagen (siehe auch Seite 32).

Seltener sind die *gemischten* Taktarten, der $^5/_4$- und der $^7/_4$-Takt. Jener setzt sich aus $^3/_4 + \ ^2/_4$ oder $^2/_4 + \ ^3/_4$ zusammen; dieser aus $^4/_4 + \ ^3/_4$ oder $^3/_4 + \ ^4/_4$. Die Unterteilung bei diesen beiden Taktarten kann auch im Stück selber wechseln.

Der Gliederung des Tonstückes dienen noch folgende Zeichen:

Der *Doppeltaktstrich*
bezeichnet einen Abschnitt.

Das *Schlußzeichen*. Es wird auch bei größeren Abschnitten im Laufe des Stückes angewendet.

In den folgenden Notenbeispielen sind die Schwerpunkte der einzelnen Taktarten durch Akzente (>) bezeichnet; sie zeigen die betonten (auch schweren oder guten genannten) Taktteile an.

Verschiebt sich nun eine Taktbetonung von einem schweren auf einen leichten Taktteil, so entsteht eine *Synkope* (= Zerschneidung):

Der *Auftakt* ist ein unvollkommener Takt am Anfang eines Stückes. Der Schlußtakt wird um den Wert des Auftaktes verkürzt, so daß Auftakt und Schlußtakt zusammen einen vollen Takt ergeben.

PAUSEN

Pause nennt man das zeitweilige Schweigen einzelner oder aller Stimmen eines Musikstückes. Ihre Werte entsprechen den Notenwerten.

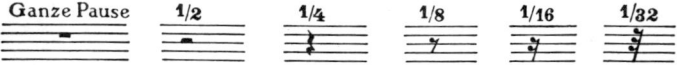

Ein ganzer Takt Pause wird stets – gleichgültig um welche Taktart es sich handelt – mit demselben Zeichen dargestellt. Pausen im $^4/_4$-Takt (auch im alla-breve-Takt, $^2/_2$):

12

Pausen im $^6/_8$-Takt (auch $^3/_8$, $^9/_8$, $^{12}/_8$):

Pausen im $^3/_4$-Takt:

Im $^3/_4$-Takt schreibt man keine halben Pausen, sondern setzt hierfür 2 Viertelpausen. Ebensowenig verwendet man im $^6/_8$-Takt das Zeichen der halben Pause, übrigens auch keine halben Noten (statt ♩ = ♩. ♪), es sei denn in punktierter Form (♩.)

Die Pausen können ebenso wie Noten durch einen Punkt um die Hälfte ihres Wertes verlängert werden:

Erstrecken sich die Pausen über einige Takte, so werden die folgenden Zeichen angewendet:

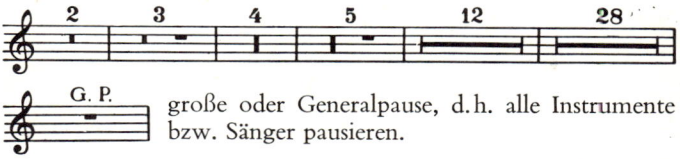

große oder Generalpause, d.h. alle Instrumente bzw. Sänger pausieren.

Gelegentlich kommt es auch vor, daß – besonders bei mehrsätzigen Werken (Suiten) – ein Instrument, z.B. Schlagzeug, den ganzen Satz hindurch pausiert. Dies wird durch das Wort »Tacet«, d.h. »er schweigt«, gekennzeichnet.

VERSETZUNGSZEICHEN

Wir kennen 5 Arten von Versetzungszeichen: das Kreuz ♯ erhöht die Note um einen Halbton, das B ♭ erniedrigt um einen Halbton, das Doppelkreuz × erhöht um 2 Halbtöne, also einen Ganzton, das Doppel-B ♭♭ erniedrigt um 2 Halbtöne, also einen Ganzton, der Auflöser ♮ hebt Erhöhung oder Erniedrigung auf.

13

Die Stammtöne erhöht (Endsilbe »is«) <small>Auflöser</small>

Die Stammtöne erniedrigt (Endsilbe »es«), außer bei: b, es, as

Versetzungszeichen, die *innerhalb* eines Taktes auftreten, gelten für alle gleichen Noten dieses einen Taktes:

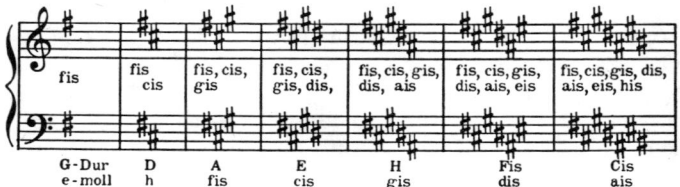

Die Versetzungszeichen als *Vorzeichen* am Anfang eines Stückes fordern die Erhöhung bzw. Erniedrigung der betreffenden Töne in allen Oktavlagen im Verlauf des gesamten Stückes:

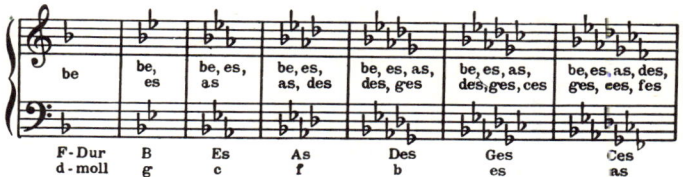

	be	be, es	be, es, as	be, es, as, des	be, es, as, des, ges	be, es, as, des, ges, ces	be, es, as, des, ges, ces, fes
F-Dur d-moll	B g	Es c	As f	Des b	Ges es	Ces as	

(Vergleiche: Kapitel Durtonleiter, Quintenzirkel!)

DIE TONLEITERN

Die stufenweise Folge von Tönen innerhalb einer Oktav wird mit *Tonleiter* bezeichnet. Die beiden wichtigsten Tonleitern sind die Dur- und die Moll-Tonleiter.

Die Durtonleiter: Jede Durtonleiter besteht aus zwei gleichen Hälften, zwei Ganztonschritten und einem Halbtonschritt (Halbtonschritte von 3 bis 4 und 7 bis 8). Eine solche Hälfte wird *Viertöner* oder *Tetrachord* genannt.

Regel: Der *zweite* Viertöner der alten Tonart (II) ist gleichzeitig der erste Viertöner der nächstfolgenden Tonart.

★) „Leitton", der durch Halbtonschritt wieder zum Grundton leitet.

So werden die Kreuztonarten gebaut:

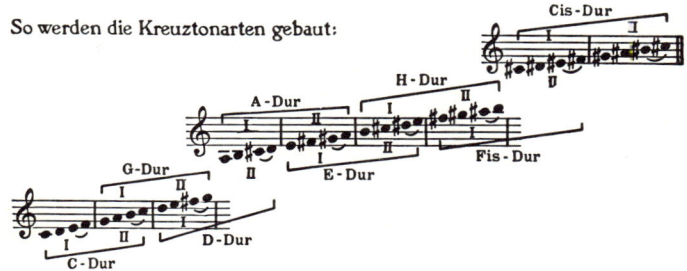

15

Damit sind aber noch nicht alle Durtonleitern dargestellt. Würden wir jedoch in derselben Weise weiterbauen, so bekämen wir als nächste Leiter Gis-Dur (8 Kreuze). Sie ist uns als As-Dur (4 B) viel vertrauter. Beim Bau der Kreuztonleitern gewannen wir je Leiter 1 Kreuz. Setzen wir nun statt H-Dur Ces-Dur (*enharmonische Verwechslung*) und bauen von dort an weiter, so verlieren wir je Leiter 1 B und gelangen schließlich wieder zu unserer Ausgangstonleiter C-Dur:

Die B-Tonarten

Aus der Konstruktion der Durtonleitern ersehen wir, daß sie, von der C-Dur-Tonleiter ausgehend, wieder nach C-Dur zurückmünden. Sie beschreiben gewissermaßen einen Kreis oder einen Zirkel. Da nun der Abstand oder das Intervall von einem Viertöner zum nächsten 5 Töne = eine Quint beträgt, so spricht man vom *Quintenkreis* oder Quintenzirkel, der wie folgt dargestellt wird:

Dur-Kreis

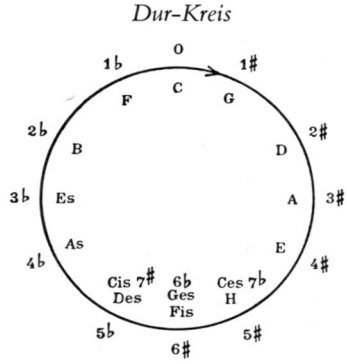

Die Molltonleiter

Dur heißt hart, *Moll* heißt weich (mollig). Zu jeder Durtonleiter gibt es eine parallele Molltonleiter, die jeweils dieselben Vorzeichen hat. Man findet sie, indem man von Dur 3 Halbtöne (kleine Terz) abwärts geht.

z.B.

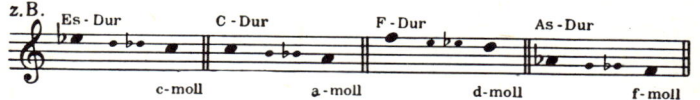

Moll-Kreis

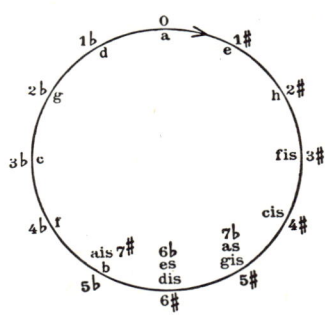

Dur und Moll sind die beiden *Klanggeschlechter* in der Musik.

Wir unterscheiden zweierlei Molltonleitern: *harmonisch-Moll*, bei welcher der 7. Ton erhöht wird, und *melodisch-Moll*, bei welcher aufwärts der 6. und 7. Ton erhöht werden, abwärts beide jedoch wieder aufgelöst werden (Dur-Moll).

Bei der Angabe von Tonarten für Musikstücke schreibt man die Durtonarten mit großen und die Molltonarten mit kleinen Buchstaben. Ouvertüre in G (G-Dur), Ouvertüre in f (f-Moll). Die harmonische und die melodische Moll-Leiter entwickelten sich aus der äolischen (reines Moll):

Der Ganzton von der 7. zur 8. Stufe befriedigte das Ohr auf die Dauer nicht. Um einen Leitton zu bekommen, erhöhte man die 7. Stufe (harmonisch-Moll).

Der übermäßige Sekundschritt von der 6. zur 7. Stufe ist schwer zu singen. Das Erhöhen der 6. und 7. Stufe macht die Leiter melodischer; melodisch-Moll aufwärts 6. und 7. Stufe erhöht, abwärts beide wieder erniedrigt.

Das *Zigeuner-Moll* trifft man in der Volksmusik der Balkanländer häufig an (4. und 7. Stufe erhöht).

Unser Dur-Moll-System entwickelte sich aus den *Kirchentönen* des Mittelalters, denen wir — besonders in alten Choralsätzen — noch recht häufig begegnen. Auch in der *neuen Musik* treten sie oft wieder in Erscheinung.

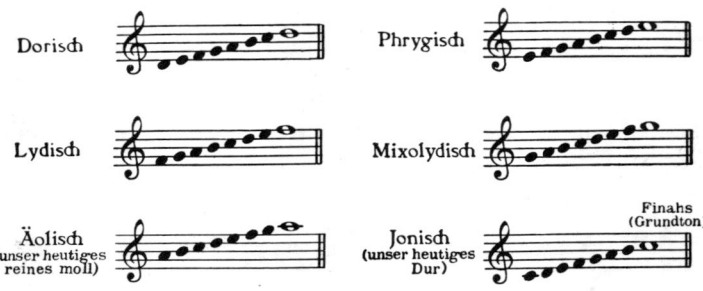

Außer den Dur- und Molltonleitern kennen wir noch folgende Tonreihen:

Die Chromatische Tonleiter. Sie besteht aus aneinandergereihten Halbtonschritten (kleine Sekunden):

Die *Ganztonleiter* (aus 6 Ganztonschritten bestehend).
Da alle Tonabstände gleich sind, kann jeder Ton als Grundton aufgefaßt werden, z. B.:

Die Ganztonleiter ist besonders von Debussy und anderen Musikern des Impressionismus verwendet worden.

Die *pentatonische* Leiter besteht aus einer 5-Ton-Reihe (penta = 5) ohne Halbtöne. Die pentatonische Reihe entstand lange Zeit vor den diatonischen Leitern aus 5 übereinanderliegenden Quinten (c'-g'-d''-a''-e'''):

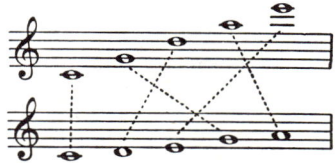

Die pentatonische Leiter ist uns durchaus nicht fremd. Zahlreiche Kinderlieder (z. B. Bitsche-batsche Kuchen, Storch-schnibel-schnabel, 's regnet-'s tropfnet u. v. a.) sind pentatonisch. Auch in der neuen Musik wird diese schöne Tonreihe, deren besonderes Kennzeichen eine eigenartige Schwerelosigkeit ist, häufig verwendet.

Pentatonisches Kinderlied

Die Völker des Fernen Ostens (China, Japan, Polynesien) und die Naturvölker in Afrika und Amerika verwenden verschiedene pentatonische Leitern:

Z. B. China:

DIE INTERVALLE

Intervall (Intervallum = Zwischenraum) nennt man die Entfernung oder den Abstand zweier Töne voneinander. Bei Bestimmung der Intervalle muß man berücksichtigen, daß es Ganzton- und Halbtonschritte gibt. Zwischen Ganztonschritten liegt immer noch ein Ton, während zwischen Halbtonschritten kein Ton mehr liegen kann.

Halbtonschritte

dazwischen liegen keine Töne mehr

Ganztonschritte

dazwischen liegen → f   c   b   g   a   d   des

Die Wiederholung eines Tones oder dessen chromatische Erhöhung oder Erniedrigung nennt man *Prim*. Den Abstand von einem Ton zur nächsten Stufe nennt man Sekund, zur übernächsten Terz, ihr folgen *Quart* (4), *Quint* (5), *Sext* (6), *Sept*

(7), *Oktav* (8), *Non* (9), *Dezim* (10), *Undezim* (11), *Duodezim* (12). Im allgemeinen genügt es, wenn man mit den Intervallen bis zur Oktav umzugehen versteht. (Transponieren, Instrumentieren, Stimmen umschreiben usw. erfordern gründliche Kenntnisse der Intervalle).

Prim, Quart, Quint, Oktav sind *reine* Intervalle. (Vom Grundton der Durtonleiter aus gerechnet!) Sekund, Terz, Sext, Sept sind *groß oder klein*. Werden reine oder große Intervalle erhöht, so entstehen *übermäßige* Intervalle. Werden reine oder kleine Intervalle erniedrigt, so entstehen *verminderte*. Werden große Intervalle erniedrigt, so entstehen *kleine*. Werden übermäßige erhöht, so entstehen *doppelt übermäßige*. Um Intervalle einwandfrei bestimmen zu können, ist die Beherrschung sämtlicher Tonarten unbedingt nötig. Nimmt man den tieferen Ton eines Intervalls als Grundton einer *Tonart* an, so kann man leicht den höheren bestimmen: Ist der höhere Ton in der Tonart enthalten, so ist das Intervall entweder *rein* oder *groß* (1, 4, 5, 8 = rein, 2, 3, 6, 7 = groß). Erhöhungen oder Erniedrigungen lassen sich dann, wenn der höhere Ton *nicht* enthalten ist, leicht ableiten. (Siehe Beispiel.)

Abkürzungen: r 4 = reine Quart, gr 6 = große Sext, ü 2 = übermäßige Sekund, v 5 = verminderte Quint, dü 7 = doppelübermäßige Sept, kl 3 = kleine Terz usw. Die Intervalle werden (siehe oben) durch Zahlen wiedergegeben.

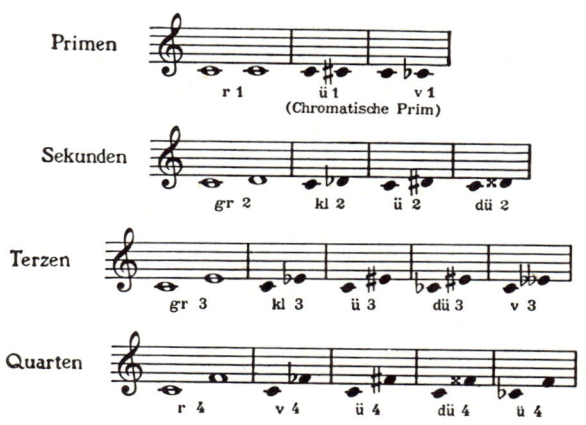

21

Die vorstehenden Intervalle wurden von c aus gebildet. Zur Bestimmung nimmt man den unteren Ton als Grundton der Tonart an; in diesem Falle also C-Dur. In der 1. Rubrik stehen die in C-Dur enthaltenen reinen und großen Intervalle, die übrigen werden von diesen abgeleitet. Ebenso wird in allen anderen Fällen verfahren. Z. B. D – G (denke in D-Dur, stelle fest: Quart, der obere Ton g ist in D-Dur enthalten, also r 4). Oder: F – H, denke F-Dur, der obere Ton H ist in F-Dur nicht enthalten. Enthalten wäre B, also ist F – H keine r 4, sondern eine ü 4.

Übe oft das Bestimmen von Intervallen, es fördert dich im Denken in Tönen!

Das Erkennen der Intervalle sollte möglichst auch gehörmäßig erfolgen.

Intervalle (und Akkorde) werden stets von unten nach oben gelesen.

VORTRAGSBEZEICHNUNGEN

Zur *Dynamik* gehört alles, was sich auf die Tonstärke bezieht. Dynamische Zeichen sind:

ppp = so leise wie möglich
pp (pianissimo) = sehr leise
p (piano) = leise
mp (mezzopiano) = mittelleise
mf (mezzoforte) = mittellaut
f (forte) = laut
ff (fortissimo) = sehr laut
fff = mit aller Kraft
cresc. = allmählich anschwellen
dim. = allmählich abnehmen

Beim Crescendo und Diminuendo sei an den Ausspruch des großen Dirigenten Hans von Bülow erinnert: »Diminuendo heißt forte, crescendo heißt piano!«

Sollen einzelne Töne besonders hervorgehoben werden, so versieht man sie mit einem *Akzent!*

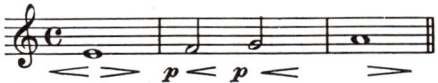

Dasselbe bedeutet auch »sf« unter oder über der Note (sf = sforzato oder sforzando = hervorgehoben.)

Das An- und Abschwellenlassen der Töne wird so bezeichnet:

*) Aussprache der Fremdwörter siehe Verzeichnis Seite 50.

Tempo heißt Zeitmaß, Schnelligkeit (Mehrzahl = Tempi)
Man unterscheidet dreierlei Haupttempi:

Langsame:

Largo	= breit, sehr ruhig
Lento	= langsam
Grave	= ernst, schwer
Adagio	= ruhig
Larghetto	= etwas fließender als Largo

Mittlere:

Andante	= gehend
Andantino	= etwas schneller als Andante
Moderato	= mäßig schnell
Allegretto	= etwas langsamer als Allegro

Schnelle:

Allegro	= schnell
Vivace	= lebhaft
Presto	= sehr schnell
Prestissimo	= so schnell wie möglich

ma non troppo = aber nicht *zu* sehr

Tempo primo (Tpo. I) = im ersten Tempo (wie anfangs).

Das Tempo richtet sich auch nach dem *Charakter* eines Stückes (derb, wild, lieblich, rauh, grob, zart, aufgeregt, festlich, feierlich usw.).

Unter *Agogik* versteht man alles, was sich auf *Temposchwankungen* bezieht.

Agogische Bezeichnungen sind: Rallentando (rall.) = allmählich langsamer; ritardando (rit.) = zurückhaltend; ritenuto = zurückhalten im Zeitmaß; stringendo (string.) = eilend, schneller werdend; agitato = aufgeregt, unruhig, nervös; rubato = frei im Vortrag, schwankend im Tempo; mosso = bewegt; più mosso = belebter; meno = weniger; meno mosso = weniger lebhaft; poco = ein wenig; poco a poco = nach und nach; più = mehr; molto = viel.

RHYTHMIK UND METRIK

Rhythmik ist die Lehre vom Rhythmus; Metrik die Lehre vom Versmaß (Metrum). Der Rhythmus bezieht sich auf die Unterschiede der Tondauer, also lang-kurz; die Metrik auf die Betonungsunterschiede, also schwer-leicht.

Der Takt teilt ein Musikstück in metrisch regelmäßig wiederkehrende Zählzeiten auf, der Rhythmus verteilt die Notenwerte innerhalb der Takte.

Das Metronom ist ein Taktmesser, der die einzelnen Schläge angibt. Mälzel, ein Wiener Ingenieur, konstruierte das Metronom auf Anregung Ludwig van Beethovens (1770—1827).

Die Angabe

M. M. ♩ = 80 heißt: Mälzels Metronom = 80 Viertel pro Minute.
M. M. ♪ = 108 = 108 Halbe pro Minute
M. M. ♩ = 96 = 96 Halbe pro Minute
M. M. ♩. = 110 = 110 punktierte Viertel pro Minute.

Neuerdings schreibt man nur noch ♩.=126, ♩=108 usw. Diese Zahlen sind auf dem Metronom einzustellen, worauf der Apparat die genauen Zählzeiten wiedergibt. Jeder Musiker sollte ein Metronom besitzen.

25

PHRASIERUNG UND ARTIKULATION

Die *Phrasierung* ist die sinngemäße Gliederung eines Musikstückes in verschiedene Abschnitte von etwa 2, 4 oder 8 Takten. Diese Abschnitte (Phrasen) werden durch einen Bindebogen oder durch kleine senkrechte Striche gekennzeichnet.

Die *Artikulation* ist die Art der Verbindung der einzelnen Töne miteinander. Wenn Phrasierung und Artikulation nicht berücksichtigt werden, macht der Vortrag eines Musikstückes den gleichen Eindruck wie ein Text, der ohne Punkt und Komma gelesen wird.

Es gibt folgende Artikulationsarten:

Legato = Bindung von 2 oder mehreren Tönen. (Der Legatobogen ist nicht mit dem Phrasierungsbogen zu verwechseln.)

Non Legato = zwischen den Tönen ganz kurz absetzen.

Staccato = jeden Ton nur kurz anspielen.

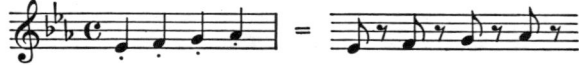

Portato = getragen, d.h. weich anspielen, aber *ohne* Bindung; bei Streichern in einem Bogenstrich.

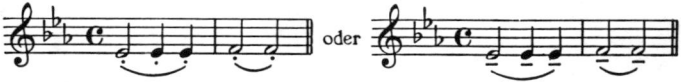

Tenuto = gehalten; die bezeichneten Noten im Gegensatz zu Staccato im vollen Wert anspielen.

26

DIE STIMMLAGEN

a) Frauenstimmen: *Sopran, Mezzosopran, Alt*

b) Männerstimmen: *Tenor, Bariton, Baß*

Umfang der Stimmen (die in Klammern gesetzten Töne zeigen den ungefähren Umfang von Chorsängern, während die Ecktöne den Umfang von Solisten angeben):

(8 unter dem Schlüssel: Klang eine Oktav tiefer als notiert)

Der *gemischte Chor* besteht aus Sopran, Alt, Tenor, Baß

Der *Männerchor* besteht aus Tenor I, Tenor II, Baß I, Baß II

Frauenchöre singen meist dreistimmig (Sopran I und II, Alt)

DIE LEEREN SAITEN DER STREICHINSTRUMENTE

Die Kontrabaßsaiten werden meist in Quarten gestimmt, alle übrigen in Quinten.

BESETZUNG DES GROSSEN ORCHESTERS

in der Reihenfolge der Partitur:

Kleine Flöte, 2 große Flöten
2 Oboen, Englisch Horn,
2 oder 3 Klarinetten, Baßklarinette } *Holz*
2 oder 3 Fagotte, Kontrafagott, Saxophone

3 bis 8 Waldhörner
2 oder 3 Trompeten
2 oder 3 Posaunen } *Blech*
Tuba

Klavier
Harfe, Orgel

2 Pauken, große und kleine Trommel,
Becken, Tamtam, Triangel, Tambourin, } *Schlaginstrumente*
Kastagnetten, Xylophon, Celesta

12 erste Violinen
12 zweite Violinen
8 Bratschen } *Streicher*
6 bis 8 Celli
4 bis 6 Kontrabässe

DIE OBERTONREIHE

Wenn wir auf einem Klavier etwa das große C anschlagen, so erklingt außer dem eigentlichen Grundton, den die Saite angibt, darüber ein ganzes Gebäude von Obertönen, die dem angeschlagenen Ton eine ganz bestimmte Farbe und Fülle geben.

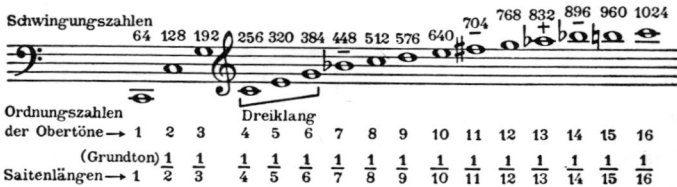

Die Saitenlänge steht im umgekehrt proportionalen Verhältnis zur Schwingungszahl, d.h., daß z.B. die Oktav eines Tones die halbe Saitenlänge, jedoch die doppelte Schwingungszahl hat. Während für die meisten Musiker die Obertonreihe eine lediglich theoretische Angelegenheit ist, ist sie für Blechbläser von großer Bedeutung, denn sämtliche Blechinstrumente mit Kesselmundstück (Trompeten, Hörner, Posaunen, Tuben) lassen nur das Blasen der Obertonreihe zu. Durch den Einbau von Ventilen (bei der Zugposaune durch das Ausziehen) wird die Länge der Röhren verändert, so daß insgesamt 7 verschiedene Obertonreihen gespielt werden können, die genügen, die chromatische Skala durch den ganzen Umfang des Instrumentes zu spielen.

SCHALLGESCHWINDIGKEIT

Die Schallgeschwindigkeit beträgt 330 m in der Sekunde. Die Licht- bzw. Elektrizitätsgeschwindigkeit beträgt 300 000 km in der Sekunde. Hieraus ergibt sich in unserer Zeit ein interessantes Kuriosum: Es ist denkbar, daß ein Radiohörer, der 10 000 km von einem konzertierenden Orchester entfernt Radio hört, dies früher hört als ein Konzertbesucher, der zwar im Konzertsaal, jedoch 150 m vom Orchester entfernt sitzt. Der Radiohörer wird die Musik im selben Augenblick hören, in dem sie gespielt wird, während sie der 150 m entfernt Sitzende 1/2 Sekunde später hört.

VERZIERUNGEN
(Ornamentik)

Der kurze Vorschlag Der lange Vorschlag

Der Pralltriller Der Mordent
(Praller) (Praller nach unten)

Der Doppelschlag
über der Note

Der Doppelschlag
(Praller + Mordent)

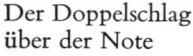

Der Triller mit Nachschlag

Die Trillerkette

Der Schleifer

Das Glissando

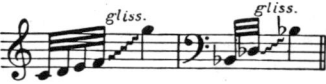

Das Glissando ist bei Streichinstrumenten ein schnelles Gleiten durch größere Intervalle; auf dem Klavier das Spielen einer Tonleiterpassage mit einem gleitenden Finger (Streichen mit der Nagelseite) entweder auf den weißen oder auf den schwarzen Tasten.

ABKÜRZUNGEN
(Abbreviaturen)

Der »Faulenzer« wird meist nur bei handgeschriebenen Noten angewendet:

Takt 1 soll 3 mal gespielt werden.

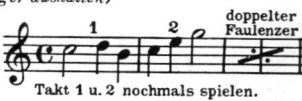

Takt 1 u. 2 nochmals spielen.

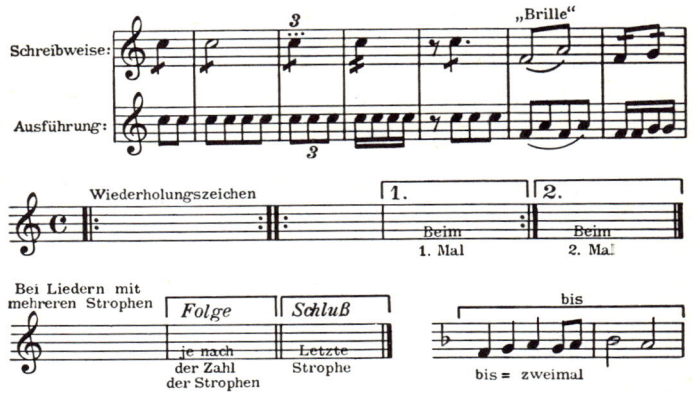

D. C. al fine = Da capo al fine = Von Anfang bis »Fine« = Ende, jedoch *ohne* Wiederholung!

⊕ - ⊕ = Die zwischen den »Kopfzeichen« liegenden Takte oder Teile werden (ohne Wiederholung) nochmals gespielt.

§ oder 𝄋 = D. S. = Dal Segno = Vom Zeichen an nochmals zu spielen.

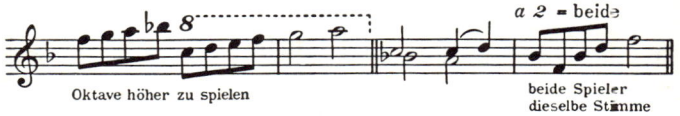

Das Arpeggio-Zeichen zeigt an, daß die Töne eines Akkords nicht gleichzeitig, sondern nacheinander (von unten her) anzuschlagen sind.

pizz. = pizzicato (bei Streichinstrumenten) heißt: der Ton ist zu zupfen statt zu streichen (»arco« widerruft das Pizzicato).

DIE TAKTARTEN UND WIE MAN SIE TAKTIERT

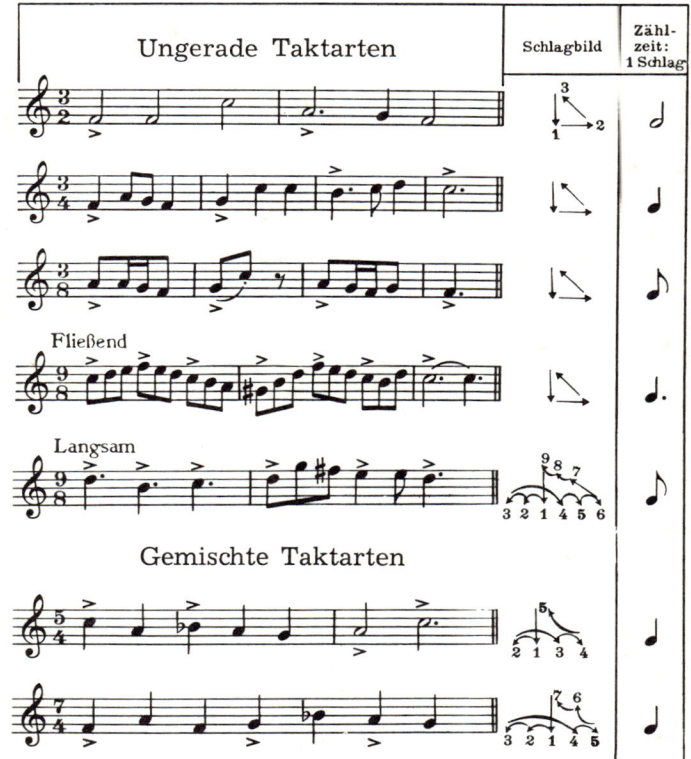

Ungerade Taktarten	Schlagbild	Zählzeit: 1 Schlag

Fließend

Langsam

Gemischte Taktarten

Die hier dargestellten Schlagbilder sind selbstverständlich als Schema gedacht. Es ist klar, daß der Dirigent die einzelnen Bewegungen nicht starr und eckig wiedergibt, sondern – da der Arm beim Dirigieren in ständiger Bewegung ist – die Grundschläge in Rundungen ineinander übergehen läßt. Der Dirigentenschüler zeichnet am besten die hier gegebenen Grundschläge mit dem Taktstock in der Luft nach; er wird hierbei von selbst dahinterkommen, wie die einzelnen Schläge ineinander übergehen müssen.

Auftakte am Anfang der Stücke bereiten dem Dirigentenanfänger oftmals Schwierigkeiten.

Übungsbeispiele:
Jedem Einsatz muß ein *vorbereitender Schlag* in der Länge einer Schlagzeit vorangehen!

Flotte Walzer und sonstige schnelle ³/₄-Takte werden auf »Ganze« geschlagen. Dabei ist zu beachten, daß der 1-Schlag nach einem betonten Abschlag sofort *hochfedert*.

Dem Übenden sei empfohlen, an Hand eines Liederbuches »Einsätze« zu taktieren, denn dies erfordert besonders viel Übung und Sicherheit.

KLEINE AKKORDLEHRE

Unter Akkord versteht man das Zusammenklingen mehrerer Töne. Die wichtigsten Akkordbildungen sind die *Dur-* und *Molldreiklänge*. Diese Dreiklänge entstehen durch Übereinanderschichten von Terzen. Sie lassen sich auf allen Stufen der Dur- und Molltonleitern bilden.

Dreiklänge

auf den Stufen der C-Dur-Leiter

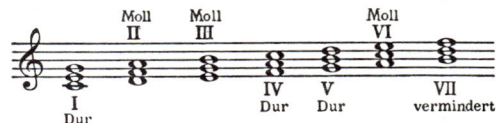

auf der a-Moll-Leiter (harmonisch)

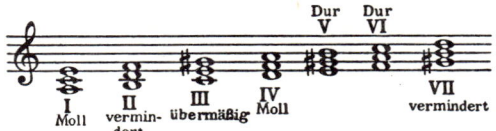

Hauptdreiklänge in Dur und Moll: I. Stufe (Tonika), IV. Stufe (Subdominante), V. Stufe (Dominante).

Nebendreiklänge (in Dur): II. Stufe (Subdominantparallele, Sp), III. Stufe (Dominantparallele, Dp), VI. Stufe (Tonikaparallele, Tp).

Es gibt konsonante und dissonante Akkorde.

Die Dreiklänge der VII. Stufe in Dur und Moll sowie der II. und III. Stufe in Moll sind dissonierende Akkorde, die einer Auflösung bedürfen.

Je nach Lage eines Akkordes (ob die Oktav, Quint oder Terz im Sopran [Oberstimme] liegen) spricht man von der Oktav-, Quint- oder Terzlage:

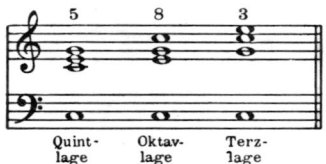

Sämtliche Dreiklänge lassen sich zweimal umkehren. Die 1. Umkehrung nennt man *Sextakkord*, die 2. Umkehrung *Quartsextakkord*. Dies wird durch Zahlen ausgedrückt: z.B. I^6 = Tonika Sextakkord I^6_4 = Quartsextakkord.

Fügt man dem Dreiklang noch eine weitere Terz bei, so entsteht der *Septakkord* (auch *Septimenakkord* genannt) (Vierklang).

Septakkorde
auf den Stufen
der C-Dur-Leiter

Der wichtigste dieser Akkorde ist der Septakkord der V. Stufe, der Dominante; er heißt daher Dominantseptakkord.

Septakkorde
auf den Stufen
der a-Moll-Leiter

Septakkorde sind dissonierend; sie bedürfen meist einer *Auflösung*.

Septakkorde lassen sich dreimal umkehren. Die 1. Umkehrung heißt: *Quintsextakkord* (z. B.: V $\frac{6}{5}$), die 2. Umkehrung *Terzquartakkord* (V $\frac{4}{3}$), die 3. Umkehrung *Sekundakkord* (V$_2$).

Die Umkehrungen des Dominantseptakkordes und deren Auflösungen:

Im vorstehenden Beispiel lösten wir den Dominantseptakkord (V^7 und seine Umkehrungen) auf. Hierbei ist zu beachten, daß sich die Sept (f) stets nach *unten* auflöst (Gleitton), während sich die Terz des Grundakkordes (h), die den 7. Ton der C-Dur-Leiter darstellt (*Leitton*), nach *oben* auflöst. Septakkorde können auch als *Zweiklänge* auftreten. Beachte die Auflösungen:

Der verminderte Septakkord steht auf der 7. Stufe in Moll; in Dur nur dann, wenn die Septime erniedrigt wird (z. B. h, d, f, as [tief alteriert] in C-Dur).

Seine Umkehrungen ergeben – da er aus drei übereinanderliegenden kleinen Terzen besteht – immer wieder verminderte Septakkorde, die durch die enharmonische Verwechslung einzelner Töne jeweils einer anderen Molltonart zugeordnet werden können (siehe Beispiel).

Der VII^7 ist ein vorzügliches Modulationsmittel. Klanglich gibt es nur drei verschiedene verminderte Septakkorde (auf c, cis und d), alle übrigen sind Umkehrungen dieser drei.

Alterierte Akkorde nennt man solche Akkordbildungen, bei denen ein oder mehrere Töne durch Erhöhung oder Erniedrigung (Hoch- oder Tiefalteration) verändert wurden.

Der *neapolitanische Sextakkord* steht auf der IV. Stufe in Moll (statt der Quint die kleine Sext).

Erklingen die einzelnen Akkordtöne nacheinander, so spricht man von *gebrochenen* Akkorden oder Arpeggien (von arpa = Harfe, also »harfierte« Akkorde).

Im vierstimmigen Satz, der den menschlichen Stimmen nachgebildet ist (Sopran, Alt, Tenor, Baß), muß ein Ton des Dreiklangs verdoppelt werden. Hierzu eignet sich am besten der Grundton oder die Quint. Die Terz ist nur selten verdopplungsfähig. Eine zusammenhängende Folge bestimmter Akkorde zur Erzielung einer Schlußwirkung nennt man *Kadenz*. Die einfachste Kadenz ist die Folge Tonika-Dominante-Tonika.

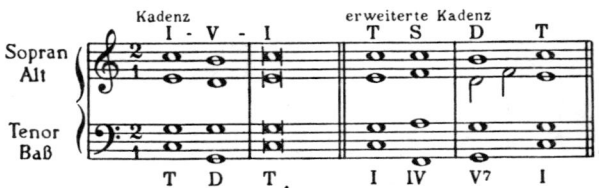

Kadenz mit *Durchgängen*, *Wechselnoten* und *Vorhalt*.

Endigt eine Kadenz mit den Akkorden Dominante-Tonika (V-I), so nennt man dies *authentischen Schluß*:

Die Endung Subdominante-Tonika (IV-I) nennt man *Plagalschluß*:

Unter *Halbschluß* versteht man die Wendung Tonika-Dominante (I-V) als Zwischenabschluß:

39

Wird eine Melodie in eine andere Tonart geführt, so nennt man dies Modulation.

(nach Max Reger)

C-dur: I   V   VI   I   IV   I   I {II
F-dur: {VI   II7   V 7   I

Der *übermäßige Quintsextakkord* ist ein bekanntes Modulationsmittel:

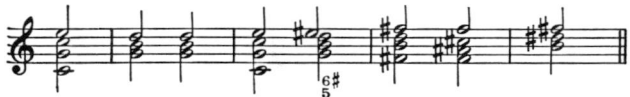

Unter *Orgelpunkt* versteht man das Liegenbleiben des Basses während einer Reihe von Harmoniewechseln:

J. S. Bach

Orgelpunkt auf der V. Stufe

Tonale Rückungen nennt man das sprunghafte Ausweichen in andere, entferntere Harmonien (*nicht* identisch mit Modulation). Die Wiederholung einer musikalischen Figur auf einer anderen Tonstufe nennt man *Sequenz* (sequi = folgen). Die Sequenz ist ein bekanntes Kompositionsmittel.

Melodische Sequenz: aus einer Sonate von Joseph Haydn.

Harmonische Sequenzen:

Um eine umfassende Kenntnis in der Harmonielehre zu erwerben, ist ein langjähriges Studium nötig. Hier seien einige Lehrbücher der Harmonielehre angeführt: Johannes Schreier: Lehrbuch der Harmonie, Louis-Thuille: Harmonielehre, W. Rischbieter: Der Harmonieschüler. Neuere Werke: Hermann Grabner: Handbuch der Harmonielehre I/II, Wilhelm Maler: Harmonielehre, Franz Bölsche: Harmonielehre, Hermann Unger: Harmonielehre, Michael Dachs: Harmonielehre, Siegfried Borris: Praktische Harmonielehre, W. Leib: Harmonielehre, Paul Hindemith: Harmonielehre, Teil I: Aufgaben für Harmonieschüler, Teil II: Harmonie-Übungen für Fortgeschrittene.

DAS GENERALBASS-SPIEL

Vom Jahre 1600 an (Frühzeit des Generalbasses) bis zum Ende des 18. Jahrhunderts war es üblich, daß der Spieler der sogenannten Continuo-Stimme (Begleitstimme für Cembalo, Orgel oder Laute) lediglich nach *bezifferten Bässen* sein *Accompagnement* ausführen mußte. Dies Generalbaßspiel ist allerdings nur möglich, wenn der Spieler die Regeln des vierstimmigen Satzes beherrscht.

Dreiklänge werden da verlangt, wo *keine* Bezifferung steht.

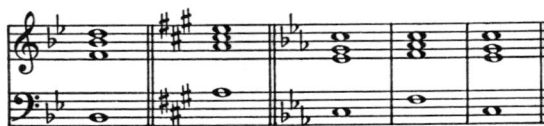

Ein ♯ oder ♭ unter dem Baß fordert die entsprechende Veränderung der *Terz*.

Ein Strich durch die Ziffer (oder hinter der Ziffer) verlangt die Erhöhung des betreffenden Intervalls:

Eine 6 unter dem Baß bedeutet: Sextakkord; eine 7 = Septakkord; $\frac{6}{5}$ = Quintsextakkord; $\frac{4}{3}$ = Terzquartakkord; 2 = Sekundakkord.

42

Vorhalte und Wechselnoten werden durch Zahlen *nebeneinander* gekennzeichnet (4 3 = vor der Terz ist die Quart zu spielen).

Durchgänge und Wechselnoten im Baß werden nicht harmonisiert.
Die Bezeichnung T.s. = Tasto solo bedeutet, daß die betreffende Note *allein* (ohne Akkord) zu spielen ist.

KLEINE FORMENLEHRE

Wie man bei Bauwerken unterscheidet zwischen Wohnhaus, Bauernhaus, Gartenhaus, Schloß, Burg, Dom, Landkirche, Fabrik, Schulhaus, Rathaus, Kaserne, Scheune oder Bahnhof, so unterscheidet man auch Formen bei Werken der Tonkunst. Und so wie alle Bauwerke eine äußere und innere Form haben, so haben auch die Werke der Tonkunst äußere und innere Form. Die äußere Form (Struktur) kennzeichnet die einzelnen Teile einer Komposition, während die innere Form den Charakter oder das *Wesen* eines Musikstückes kennzeichneten. Die Begriffe: »Trauermarsch«, »Menuett«, »Ouvertüre«, »Intrade« oder »Serenade« sind *Formbezeichnungen.* Ein $6/8$-Marsch kann äußerlich dieselbe Form haben wie ein Trauermarsch: 1. Teil (Teil a), 2. Teil (b), 3. Teil (c). Die Verschiedenheit der beiden Marschgattungen aber bringt die innere Form zum Ausdruck. Sie sind in ihrem Wesen verschieden (hier hüpfende, ausgelassene $6/8$-Figuren, dort ruhige, gemessene Schritte im Vierertakt). Ein anderes Beispiel: Walzer, Ländler, Mazurka und Menuett sind alles Tanzformen im Dreiertakt. Äußerlich können alle vier Formen einander gleich sein (Anzahl der Teile), während Tempo, Rhythmus und Art der Melodie erst das Wesen der betreffenden Tänze kennzeichnen.

Wenn in der Musikpraxis von der Form gesprochen wird, so meint man im allgemeinen die äußere Form eines Werkes (Umriß, Gestalt, Struktur). Hier sollen nun einige besonders gebräuchliche Formen dargestellt werden.

Die kleine dreiteilige Liedform a b a

Die ersten vier Takte dieses Kinderliedes bilden den Teil a. Die Takte 5 bis 8 bringen einen neuen Gedanken, sie bilden den Teil b. Darauf folgen nochmals dieselben 4 Takte wie im 1. Teil, also noch einmal Teil a (die Form ist also *a b a*). Die dreiteilige Form ist eine der bedeutendsten Gestaltungsformen überhaupt.

Vergleiche z.B.:

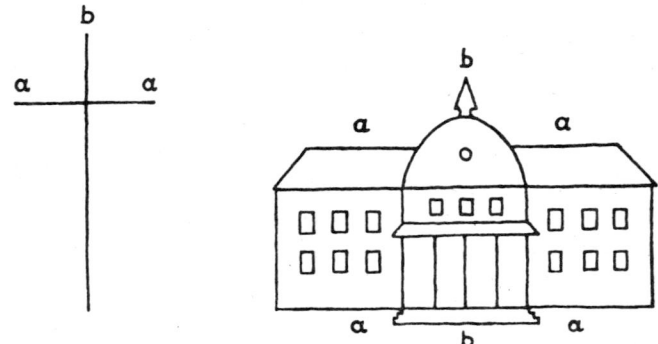

Die große dreiteilige Form

	A	B	A
	aba	cdc	aba

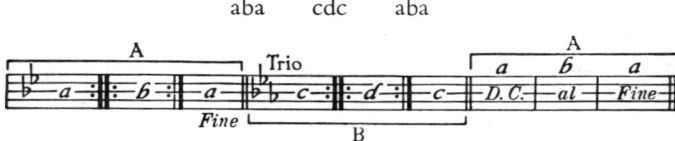

44

Nehmen wir irgendein Musikstück, das folgende Form aufweist: Die ersten drei Teile (a b a) bilden den Teil A, das Trio mit den Teilen c d c bildet den Teil B. Der Teil A wird »Da capo« gespielt, also nochmals A. Dies nennt man die *große dreiteilige Form* oder Dacapoform.

Eine andere große dreiteilige Form bekommen wir z. B. auch aus folgendem Vorgang: Ein Lied wird – von Bläsern begleitet – gesungen. Die Bläser spielen ein kleines Vorspiel (*Ritornell*), hierauf folgt der Chor, an den sich – nun als Nachspiel – wieder das Ritornell anschließt. Die Form sieht nun so aus:

A   B   A
Ritornell – Chor – Ritornell

Singt nun der Chor mehrere Strophen, die jeweils durch das Ritornell, das dann Vor-, Zwischen- und Nachspiel ist, unterbrochen wird, so ergibt sich daraus die *Rondoform* (Rondo = Rundgesang).

Ritornell — Chor — *Ritornell* — Chor — *Ritornell* — Chor.

Dies braucht natürlich nicht stets mit Chor zu geschehen, sondern kann auch rein instrumental sein. Die Rondoform weist dann folgende Teile auf:

$$a - b - a - c - a - d - a$$

a = Rondothema   b c d = Zwischenspiele

oder: a b a c a   e f e   a b a   (die letztere Form wäre eine Kom-
       A   B   A   bination von dreiteiliger Form und
                                     Rondo).

Eine weitere beliebte und zugleich volkstümliche Form ist die *Variationsform*.

Ein Lied oder eine beliebige Melodie werden in immer neuen Veränderungen (= Variationen) gestaltet, wobei die einzelnen Teile recht verschieden sein können. Unterschieden werden zweierlei Variationen: Wird das Thema durch Figurenwerk umrankt, so spricht man von *Figurativen Variationen*, wird in den einzelnen Teilen aber der Charakter des Themas verändert, so spricht man von *Charaktervariationen*.

Zur Form eines Werkes trägt die Instrumentation viel bei. Der Begriff »Trio« ist allgemein bekannt. Er ist jedoch nicht, wie viele meinen, der »dritte Teil«, sondern das Trio wurde früher im Gegensatz zu den Tutti-Teilen etwa von 2 Oboen und Fagott (also von 3 Spielern = Trio) gespielt, dem dann wieder das Tutti (= alle) folgte. Dieser schöne Kontrast: Tutti – Trio – Tutti ist an sich schon dreiteilige Form.

Die *Ouvertüre* hat oftmals dreiteilige Form. Es werden zwei Formen unterschieden: *Französische Ouvertüre* (langsam – schnell – langsam). Diese Form war besonders im Zeitalter des Barock (17./18. Jahrhundert) beliebt. *Italienische Ouvertüre* (schnell – langsam – schnell), z. B. Ouvertüre zu der Oper »Die Entführung aus dem Serail« von W. A. Mozart. Unter Ouvertüre (von französisch ouvrir = öffnen, eröffnen) versteht man das Eröffnungsstück zu einer Oper, einem Oratorium oder Schauspiel. Als selbständiges Tonstück: Konzert-Ouvertüre.

Die *Intrade* (= Eintritt, Anfangsstück) hat die gleiche Funktion wie die Ouvertüre. Sie kann auch dieselbe äußere Form haben. Sie ist meist festlich-pompösen Charakters.

Eine früher wie heute gleichbeliebte Form ist die *Suite*. Suite heißt svw. Folge, nämlich die Folge verschiedener, zusammenhängender Stücke. Die klassische Suite besteht aus den Tänzen: Allemande – Courante – Sarabande – Gigue. Die einzelnen Sätze sind meist dreiteilig. Aus Raumgründen werden die wesentlichen Merkmale nur stichwortartig wiedergegeben: *Allemande* = »Deutscher« ist aus dem Reigen hervorgegangen. Frischer 4-Takt, meist mit einem kurzen Auftakt. *Courante* = Lauftanz, frischer Tanz im 3-Takt mit laufenden Achteln, meist drei Achtel Auftakt. *Sarabande*, spanischer Schreitetanz, langsam, im 3/4-Takt, mit dem typischen Rhythmus:

Sarabande

Beachte die *Kontraste*, die *wesentliche Formmerkmale* bedeuten (4-Takt, 3-Takt schnell, 3-Takt langsam). *Gigue* (spr. schig), ein schneller Tanz im 3/8-, 6/8- oder 9/8-Takt, mit sehr schnell fließenden Achteln.

Allmählich wurden auch andere Tänze als die eben genannten in Suiten zusammengefaßt, oder es wurden *Intermezzi* = Zwischen-spiele eingeschoben. So die *Gavotte*. Typische Merkmale sind: rascher 4-Takt (meist Alla breve) mit 2 Vierteln Auftakt.

Gavotte

Als Teil B folgt der Gavotte häufig die *Musette* = Dudelsack. Merkmal: Dudelsackbässe (gleichbleibende Quinten im Baß, Bor-dunbässe).

Musette

Bildet die Musette den Zwischensatz (Intermezzo) in der Gavotte, so haben wir wieder die dreiteilige Form:

Gavotte – Musette – Gavotte
A   B   A

Polonaise, Schreitetanz im mäßigen $^3/_4$-Takt mit dem charak-teristischen Rhythmus:

Menuett, gravitätischer $^3/_4$-Takt, nicht schnell, zierlich, meist ohne Auftakt.

Ecossaise, schottischer Tanz, $^2/_4$-Takt, ziemlich lebhaft.

Der klassischen Suitenform entstammen alle anderen Arten von Suiten.

Daß *Walzer* suitenmäßig zusammengefaßt sind (Walzer 1, 2, 3, Coda), ist als bekannt vorauszusetzen. *Coda* heißt svw. Anhang.

Weitere Kleinformen, die zumeist dreiteilig sind:

Die *Bagatelle* (= Kleinigkeit), ein leichtes Stück heiteren Inhalts.

Das *Präludium*, ein Vorspiel (meist für Orgel). Die *Barkarole* ist ein auf dem Wasser zu singendes Lied im wiegenden $^6/_8$- oder $^9/_8$-Takt. Die *Burleske* ist ein heiter-komisches Musikstück, wäh-rend die *Groteske* derb-komisch ist, im Gegensatz zur *Humoreske*,

47

die liebenswürdig-humorvoll ist. Das *Capriccio* ist eine Komposition mit oft wechselnden launigen (= kapriziösen) Themen. *Rhapsodie* nennt man eine Komposition, die bruchstücksweise (= rhapsodisch) Lieder und Tänze, z. T. in technisch schwieriger Form, enthält. *Fantasie* ist ein Musikstück in freier Form. *Potpourri* = eine oft recht zweifelhafte Zusammenstellung von (Opern-) Melodien oder Volksliedern. *Quodlibet* nennt man das gleichzeitige Spielen mehrerer bekannter Melodien.

(Formen, die hier vermißt werden, findet man noch im *Fremdwörterverzeichnis* am Ende des Büchleins.)

Die Sonatenform

Die *Sonate* entwickelte sich neben der *Suite*. Beide haben *zyklische* Form (Zyklus = mehrere Sätze, die zusammengehören). Das Wort Sonate kommt von sonare = klingen. Ursprünglich nannte man ein Instrumentalstück Sonate, im Gegensatz zum Gesangstück, das man *Kantate* nannte (von cantare = singen). Die klassische Sonate (seit Joseph Haydn) besteht aus vier Sätzen:

1. Satz: *Allegro*

2. Satz: *Adagio* oder *Andante*

3. Satz: *Scherzo* oder *Menuett*

4. Satz: *Allegro* (Rondo)

Der erste Satz (mitunter auch der vierte Satz) hat »Sonatenform«. Die Kennzeichen der »Sonatenform« sind:

A { Hauptthema (Haupttonart, meist dramatisch),
Seitenthema (oder 2. Thema, in der Dominante, meist lyrisch),
Wiederholung der Themenaufstellung (= Exposition)

B *Durchführungsteil* (die Haupttonarten werden vermieden, um die Spannung zu vergrößern) mit Überleitung zur

A { *Reprise* = Rückkehr zum Hauptthema in der Haupttonart,
Seitenthema in der *Haupttonart* (weil gegen Ende des Stückes statt Spannung Lösung notwendig ist),
Coda (svw. Anhang).

Die *Sonatine* (Verkleinerungsform von Sonate) zeigt dieselben Formmerkmale in einfacherer Weise.

Die *Symphonie* hat ebenfalls dieselbe Form wie die Sonate, nur daß sie für Orchester geschrieben ist und infolge der zahlreichen Klangmöglichkeiten, die das Orchester bietet, in den einzelnen Teilen umfangreicher und ausladender ist.

Polyphone Formen*)

Imitation = Nachahmung einer Stimme durch eine oder mehrere folgende Stimmen. Der *Kanon*, in dem die vorhergehende Stimme insgesamt streng nachgeahmt wird. *Krebskanon* ist ein Kanon, der gleichzeitig vorne und hinten begonnen werden kann. *Fuge* (= Flucht) ist die bedeutendste polyphone Form. Ein Thema (*dux* = Führer) wird einstimmig angestimmt, die 2. Stimme (*comes* = Gefährte, Kamerad) übernimmt das Thema meist in der Dominante, während die 1. Stimme nun im Kontrapunkt (Gegennoten) zur 2. geführt wird. Das Thema tritt in allen Stimmen auf, wobei die anderen Stimmen jeweils kontrapunktisch (polyphon) geführt werden. Eine *Fughette* ist eine kleinere, einfachere Fuge mit meist nur 2, höchstens 3 Stimmen. Das *Fugato* beginnt wie eine Fuge, wird dann aber frei weitergeführt. Eine Fuge mit zwei Themen nennt man *Doppelfuge*, eine solche mit drei Themen *Tripelfuge*. Das *Ricercare* und die *Kanzone* sind Vorformen der Fuge.

---

*) *Homophon* nennt man die Satzweise, bei der die Begleitakkorde der Melodie untergeordnet sind.

Polyphon svw. vielstimmig im Sinne mehrerer gleichberechtigter Stimmen (kontrapunktischer Stil).

4

VERZEICHNIS DER MUSIKALISCHEN GRUNDBEGRIFFE UND FREMDWÖRTER

Die in Klammern genannte Zahl gibt die Seitenzahl an, unter der nähere Erläuterungen in dieser Musiklehre zu finden sind.

A

A (auch al, alla): auf, in, zu

a: Kammerton (a' = 435, neuerdings 440 Doppelschwingungen in der Sekunde

Abbreviaturen: Abkürzungen (30)

a cappella: Singchor allein, ohne Instrumente

accelerando (spr. attschelerando): beschleunigen

Accolade (spr. akkolad): Klammer, die mehrere Notensysteme miteinander verbindet

Accompagnement (spr. akongpanjmang): Begleitung (42)

Adagio (spr. adadscho): ruhig

ad libitum (ad lib.): nach Belieben

affettuoso: gemütvoll, mit viel Ausdruck

agitato (spr. adschitato): aufgeregt, unruhig

Agogik (24)

Air (spr. är): Arie, Lied, Melodie

Akkord (35)

Akkordlehre (35)

Akustik: Lehre vom Schall (29)

Akzent: Betonung (23)

al Fine: bis zum Ende (31)

alla breve (11)

alla marcia (spr. martscha): im Marschtempo

alla polacca: im Polonaisentempo

allargando: breiter werdend

Allegretto: etwas langsamer als Allegro

Allegro: schnell

— *appassionato*: leidenschaftlich bewegt

— *con fuoco*: sehr lebhaft, feurig

— *furioso*: sehr lebhaft, stürmisch

— *giocoso*: heiter bewegt

— *moderato*: mäßig schnell

— *assai* ⎱

— *molto vivace*: ⎰ sehr lebhaft

— *vivo*: ⎱

— *ma non troppo*: nicht zu schnell

Allemande (spr. allmangd) (46)

Alt: Stimmlage (tiefste Frauenstimme) (27)

Alterierte Akkorde (38)

Altschlüssel (7)

amabile: lieblich

Analyse: Zerlegung eines Zusammengesetzten in seine Elemente

Andante: gehend

Andantino: etwas schneller als Andante

Anglaise: alter englischer Tanz

anima: Seele / con anima: beseelt

animato: belebt

Äolisch (Kirchentonart) (18)

appassionato: leidenschaftlich

Applikatur: Fingersatz

Arco: Bogen

Arie: Gesangsnummer, meist aus einer Oper, auch liedartiger Instrumentalsatz

arioso: gesangsmäßig

arpeggio (spr. arpeddscho): Akkordbrechung (31)

Arrangement (spr. arrangschmang): Bearbeitung eines Tonstückes

arrangieren (spr. arrangschieren): Musikstück für irgendeine Besetzung einrichten

Artikulation (26)

assai: sehr

a tempo: im Tempo, im früheren Zeitmaß

atonal, Atonalität: Musik, die nicht auf ein tonales Zentrum bezogen ist (z. B. die Zwölftonmusik) *attacca:* »falle ein«, ohne Unterbrechung weiter

Aubade (spr. obad): Ständchen

Auflöser (13)

Auftakt (12, 34)

Authentischer Schluß (39)

a vista: vom Blatt

B

Bagatelle (47)

Ballade: Gesangskomposition, in der eine Begebenheit geschildert wird. Auch Instrumentalkompositionen mit entsprechendem Charakter

Bariton: mittl. Männerstimme (27)

Barkarole (47)

Barré: Quergriff auf der Gitarre

Basso: Baß (= Basis, svw. Grundlage, tief)

Basso continuo: Generalbaß (Abk. B.c.) (42)

Basso ostinato: »hartnäckiger Baß«, sich ständig wiederholendes Baßmotiv

Baß: Stimmlage, tiefste Männerstimme (27)

Baßschlüssel (7)

Batterie: gesamtes Schlagwerk

Belcanto: schöner Gesang (italienischer Gesangstil)

ben: gut (ben legato = gut gebunden)

Berceuse (spr. berßös): Wiegenlied

bezifferter Baß (42)

bis: (Abkürzung) zweimal

Bicinien: Zwiegesänge (auch instrumental)

Bolero: spanischer Nationaltanz

Bordun: siehe Musette

Bourrée: schneller franz. Tanz ($4/_4$- oder $2/_2$-Takt, mit Auftakt)

Branle (Bransle): lebhafter altfranzösischer Tanz

Brille (31)

Brio: Feuer (con brio = mit Feuer, feurig)

B-Tonarten (16)

Buffo: komisch, heiter

Burleske (47)

C

Caisse (franz.) (spr. käß): Trommel

calando: verhallend

cantabile: ⎫

cantando: ⎭ singend

Cantilene: besonders sangbare Melodie

Cantus firmus: Hauptstimme in mehrstimmigen alten Sätzen (Abk. c. f.)

Capo: Kopf, Anfang (da capo = von Anfang an wiederholen)

Capriccio (spr. kaprittscho) (47)

Cäsur: Einschnitt nach einer musikalischen Phrase

Cavatine (auch Kavatine): lyrisches Sologesangsstück

Chaconne (spr. schakonn) oder Passacaglia (spr. passakalja): Variationen über einem ostinaten Baß

Chasse (spr. schaß): Jagd

Chromatische Tonleiter (19)

Cinelli (spr. tschinelli): Becken

Clairon (spr. klärong): französisch. Signalhorn

Coda: Anhang (an einem Musikstück, z. B. Walzer)

Col, con: mit

Colla parte (ital.): mit der Hauptstimme, Wink für die begleitenden Instrumente, daß eine Stelle von der Hauptstimme frei vorgetragen wird

col legno: mit der Stange (bei Streichern)

coll' ottava: mit der Oktav

Come prima: wie vorher (Tempo I)

Comes (49)

Comode: bequem, einfach

Concerto grosso: Orchesterkonzert mit Wechsel von ganzem Orchester (ripieno) und Solistenensemble (concertino)

Continuo: s. Basso continuo
Copyright (spr. koppireit): Ver-
lagsrecht
Corda: Saite
Corno: Horn
Courante (spr. kurangt) (46)
crescendo (spr. kreschendo):
wachsend, an Tonstärke zu-
nehmend (23)
Csardas: ungarischer Nationaltanz
C-Schlüssel (7)

D

Da capo al Fine (31)
Dal Segno (31)
deciso: bestimmt, entschlossen
decrescendo (spr. dekreschendo):
schwächer werdend
detonieren: unrein singen oder
spielen
Dezim (22)
Diatonik: Ordnung der Ganz- und
Halbtonschritte in der Dur- und
Molltonleiter
Dilettant: Musikliebhaber,
Gegensatz: Berufsmusiker
diminuendo (dim.): leiser werdend
(23)
Disharmonie, Dissonanz: Mißklang
(Spannung!)
Diskant: (Sopran) höchste Stimme
Divertimento (ital.), Divertisse-
ment (franz.) (spr. Diwertiß-
mang): Unterhaltung, suiten-
mäßige Vereinigung mehrerer
Instrumentalsätze
divisi: Doppelnoten geteilt spielen
(Abk.: div.)
Dodekaphonie: Zwölftonmusik
s. d.
dolce (spr. doltsche): zart, süß, lieb-
lich
dolente: klagend
doloroso: traurig, schmerzlich
Dominante: Herrschton (reine
Quinte) (35)
Dominantseptakkord (37)
Doppel-B (14)
Doppelfuge (49)

Doppelkreuz (14)
Doppelschlag (30)
Dorisch (Kirchentonart) (18)
Double: Variation, meist bei
Suitensätzen
Dreiklänge (35)
Dreiteilige Form (44)
Dudelsack-Baß (47)
Duett: Stück für zwei Sänger (auch
Spieler)
Duo: Stück für zwei Spieler
Duodezim (21)
Duole (10)
Durchführung (48)
Durchgänge (39)
Durtonleiter (15)
Durdreiklänge (35)
Dux (49)
Dynamik (23)

E

Ecossaise (47)
Elegie: Trauergesang
elevato: erhaben
Enharmonische Töne sind (im tem-
perierten System) dem Klange
nach gleiche, aber verschieden
notierte Töne (z. B.: as-gis / fis-
ges)
Enharmonische Verwechslung (16)
Ensemble: Kleine Spielgemein-
schaft
Entr' acte (spr. angtr' akt): Zwi-
schenakt, Zwischenaktsmusik
eroica: heroisch
espressivo: ausdrucksvoll
Etüde: Übungsstück
Euterpe: Muse der Tonkunst
Exposition (48)

F

Falsett: Kopfstimme
Fandango: spanischer Nationaltanz
im Dreivierteltakt
Fanfare: 1. langgebaute Trompete
in Es, ohne Ventile;
2. kurzes, signalartiges Musikstück (Jagdruf)

Fantasie (48)
Faulenzer (30)
Fermate (30)
Finale: Schlußsatz, letzter Teil mehrsätziger Kompositionen (besonders bei Sonate und Symphonie)
Fine: Ende
Flageolettöne (spr. flascholett): sehr hohe Töne; auf Streichinstrumenten durch ganz sanften Fingerdruck und schwachen Bogendruck hervorgerufen
Flauto: Flöte
flauto dolce = Blockflöte
flauto traverso = Querflöte
Formenlehre (43)
forte (f): laut
Fortissimo (ff): sehr laut
Forza: Kraft
Frauenchor (27)
Frequenz: Schwingungszahl
Fugato (49)
Fuge (49)
Fughette (49)
funebre: traurig
Fuoco: Feuer
furioso: feurig, stürmisch

G

Gagliarde, Gaillarde: Nachtanz, schneller $^3/_4$-Takt
Galopp: schneller Tanz im $^2/_4$-Takt
Ganztonleiter (19)
Gavotte (spr. gawott) (47)
Gebrochene Akkorde (38)
Gemischte Taktarten (11, 33)
Generalbaßspiel (42)
Generalpause (13)
Gerade Taktarten (11)
Gigue (spr. schig) (46)
giocosa (spr. dschokosa): lustig
giusto (spr. dschusto): angemessen, richtig
Gleitton (37)
Glissando (30)
Gondoliera: Barkarole, s. d.
grandioso: großartig, mächtig

Grave: ernst, schwer (largsames Tempo)
grazioso: anmutig
Gregorianischer Gesang: von Papst Gregor I. (Papst von 590 bis 604) eingeführter Ritualgesang der Katholischen Kirche
Groteske (47)

H

Halbschluß (39)
Haltebogen (10)
Harmoniemusik: Blasmusik (ohne Streicher)
Harmonien (35)
Hautbois (franz.) (spr. obua): Oboe (hohes Holz)
Homophonie (49)
Hornmusik: Blechmusik (ohne Holz) (Kavalleriemusik)
Hornpipe (spr. hornpeip): schneller altenglischer Tanz
Humoreske (47)
Hymnus: Lobgesang

I, J

Imitation (49)
impetuoso, con impeto: stürmisch, ungestüm
Impromptu (spr. ängprongzü): musikalischer Einfall
Improvisieren: aus dem Stegreif spielen, fantasieren
Interludium: Zwischenspiel (auf der Orgel)
Intermezzo (46)
Interpretation: Art der Wiedergabe eines Musikstückes
Intervalle (20)
Intervall-Tabelle (21)
Intonation: genaue Einstimmung der Instrumente
Intrade (46)
Introduktion: Einleitung
Invention: Erfindung (polyphones Musikstück)
Ionisch (Kirchentonart) (18)
istesso: dasselbe (l'istesso tempo = dasselbe Tempo)

K

Kadenz (38)
Kakophonie: Mißklang
Kammerton a': 435–440 Doppelschwingungen in der Sekunde
Kanon (49)
Kantate (vom lat. cantare = singen): Komposition für Chor, Einzelstimmen und Begleitung (auch nur Einzelstimme(n) und Begleitung) (48)
Kantilene: schön geführte Melodie
Kanzone (49)
Kavatine: siehe Cavatine
Kesselpauken: 2 stimmbare Pauken
Kirchentonarten (18)
Koloratur: Verzierung
Konsonanz: Wohlklang (Gegens.: Dissonanz)
Kontrapunkt (49)
Konzert:
1. öffentliche Aufführung von Musikwerken (Sinfoniekonzert, Gartenkonzert usw.);
2. virtuos gehaltene Komposition für Soloinstrument(e) mit Orchester
Korrepetitor: Kapellmeister, der den Sängern die Rollen einstudiert
Krakowiak: polnischer Nationaltanz
Krebskanon (49)
Kreuztonarten (15)
Kurzer Vorschlag (29)

L

lamentoso: traurig
langer Vorschlag (29)
Larghetto: etwas fließender als Largo
Largo: breit, sehr ruhig
Legato (26)
leggiero (spr. leddschero): leicht, duftig
Leitton (37)
Lento: langsam
Libretto: Textbuch einer Oper oder Operette

Liedform: (44)
Ligaturen (10)
l'istesso tempo: dasselbe Tempo
Litanei: Bittgesang
Liturgie: Anordnung der Gebete und Gesänge für den Gottesdienst
loco: am Ort (z. B. nach Aufhebung der Bezeichnung 8va)
longa: lang
lusingando: schmeichelnd, svw. mit leichtem, gefälligem Vortrag
Lydisch (Kirchentonart) (18)
Lyra: tragbares Glockenspiel

M

ma: aber
Madrigal: Schäferlied, a-cappella-Chöre des 16. Jh.
maestoso: majestätisch, erhaben
maggiore (spr. maddschore): ital. Bezeichnung für Dur
majeur (spr. maschör): franz. Bezeichnung für Dur
ma non troppo: aber nicht zu sehr
marcato: betont, hervorgehoben
Marche (franz.) (spr. marsch): Marsch
marcia (ital.) (spr. martscha): Marsch
martellato: gehämmert
Mazurka (spr. masurka): Tanz im $^3/_4$-Takt
m. d. (mane destra): mit der rechten Hand
Melodrama: Deklamation mit Instrumentalbegleitung
meno: weniger
Mensur: Maß, Abmessung bei Instrumenten; Verhältnis von Länge zur Weite
Mensural-Noten (6)
Menuett (47)
Messe: höchste Kultushandlung der katholischen Kirche. Die Messe als musikalisches Kunstwerk hat folgende Teile: Kyrie, Gloria, Credo, Sanctus, Benedictus und Agnus Dei

Metrik (25)
Metronom (25)
Metrum (25)
mezzo: halb
mezzoforte (mf): mittelstark
Mezzosopran: Stimmlage, mittlere Frauenstimme (27)
mineur (spr. minör): franz. Bezeichnung für Moll
minore: ital. Bezeichnung für Moll
Minuetto: Menuett
misterioso: geheimnisvoll
M. M.: Abk. für Mälzels Metronom (25)
moderato: mäßig schnell
Modulation (40)
Molldreiklänge (35)
Molltonleiter (17)
molto: viel, sehr
Mordent: (29)
morendo: ersterbend
mosso: bewegt
Motette: mehrstimmiger Kirchengesang (meist ohne Begleitung)
Motiv: kleinstes Melodieglied (z. B. Kuckucksruf)
m. s. (mane sinistra): mit der linken Hand
Musette (spr. müsett): Dudelsack (liegende Quinten im Baß, Bordunbässe) (47)
Musica sacra: Kirchenmusik
muta: umstimmen (z. B. bei Pauken)
Mixolydisch (Kirchentonart) (18)

N

Nachahmung: Imitation (49)
Nachschlag (30)
Neapolitanischer Sextakkord (38)
Neumen (5)
Nocturne (spr. noktürn): Nachtstück
Nocturno: Nachtstück
non: nicht
non legato (26)
None (22)
Nonett: Komposition für 9 Instrumente

Notenschrift (6)
Notensystem (6)
Notenwerte (9)

O

Obertonreihe (28)
obligat: Stimme, die besetzt sein muß, im Gegensatz zur Stimme, die besetzt sein kann (ad lib.)
Oktav (6, 22)
Oktett: Komposition für 8 Instrumente
o, ossia: oder
Opus: Werk
Orchester:
   1. großes Orchester mit sämtl. Blas- u. Streichinstrumenten (28)
   2. reines Streichorchester
   3. Blasorchester mit voller Besetzung;
   4. Kammerorchester mit kleiner Besetzung
Orgelpunkt (40)
Originalmusik: Musik, die nicht bearbeitet ist
Ornamentik (29)
Ostinato: gleichbleibendes Baßmotiv (beharrlich)
Ouvertüre (46)

P

Paduana (= Pavane): gravitätischer Tanz des 16. Jhs.
Pantomime: Mienen- oder Gebärdenspiel
Paralleltonart (17)
Paraphrase: Bearbeitung einer Melodie in freier Form
Parlando: redend, mehr gesprochen als gesungen
Parodie: spöttische Nachahmung
Partita: svw. Suite s. d.
Partitur: Zusammenfassung aller Stimmen
Passacaglia: (siehe Chaconne)
Passepied (spr. paßpje): heiterer franz. Tanz im Dreiertakt

passionato: leidenschaftlich
pastoral: ländlich
patetico, pathétique: pathetisch, leidenschaftlich
Pausen (12)
Pavane: siehe Paduana
Ped.: Abk. für Pedal
perdendosi: Zurücktretend, verlierend
Pentatonische Leiter (19)
Perpetuum mobile: »immer bewegt«
pesante: schwerfällig, gewichtig
Phrasierung (26)
Phrygisch (Kirchentonart) (18)
pianissimo (pp): sehr leise
piano (p): leise
Piatti: Becken
piccolo: klein
più (spr. pju): mehr
pizzicato: mit den Fingern zupfen (31)
Plagalschluß (39)
poco: wenig
poco a poco: nach und nach
Polka: schneller Tanz im $^2/_4$-Takt
Polonaise (48)
Polyphon: mehrstimmig (49)
Polyphone Formen (49)
Polyrhythmik: gleichzeitiger Gebrauch mehrerer Rhythmen
Polytonalität: gleichzeitiger Gebrauch verschiedener Tonarten
pomposo: feierlich
portamento: getragen
Portato (26)
Postludium: Orgelnachspiel
Potpourri (48)
Pralltriller (Praller) (29)
Präludium (47)
Prélude (spr. prelüd): Vorspiel
prestissimo: so schnell wie möglich
presto: sehr schnell
Prim (21)
prima vista: vom Blatt spielen
prima volta: das erste Mal
profan: weltlich (Gegensatz sacral = geistlich)
progressiv: fortschreitend
Prolog: Vorspruch

Q

Quart (21)
Quartett: Komposition für vier Instrumente oder vier Singstimmen
Quartole (10)
Quartsextakkord (36)
quasi: gleichsam
quiëto: ruhig
Quinte (22)
Quintett: Komposition für fünf Instrumente oder fünf Singstimmen
Quintenzirkel (Dur und Moll) (16)
Quintole (10)
Quintsextakkord (37)
Quodlibet (48)

R

rallentando: zögernd, allmählich langsamer werdend
Rastral: Werkzeug zum Notenlinienziehen
Refrain: immer wiederkehrender Schlußrefrain (Kehrreim)
religioso: feierlich, andächtig
Repertoire: Werke, die ein Solist oder ein Ensemble für den Vortrag bereit hält
Repetition: Wiederholung
Reprise (49)
Requiem: feierliche Seelenmesse zu Ehren eines Verstorbenen
Resonanz: Mitklingen klangfähiger Körper
Rezitativ: Sprechgesang
Rhapsodie (47)
Rhythmik (25)
Rhythmus (25)
Ricercar (spr. ritscherkar) (49)
Rigaudon (spr. rigodong): schneller provencalischer Tanz im $^2/_2$-Takt
rinforzando: verstärkt
ripieno: alle Streicher (Gegensatz: solo)
risoluto: entschlossen
ritardando: zurückhaltend

ritenuto: zurückhaltend im Zeit-
maß
Ritornell (45)
Romanze: Musikstück mit volks-
liedhaftem Charakter
Rondo (45)
Rubato: frei im Vortrag,
schwankend im Tempo
rustico: ländlich, bäuerlich
Rutscher: schneller Tanz im
$^2/_4$-Takt

S

Sarabande (46)
Satz: 1 svw. Setzweise, Vokalsatz,
Instrumentalsatz
2. selbständiger Teil eines mehrsätzigen Werkes (Sonate, Symphonie)
Schallgeschwindigkeit (29)
scherzando (skerzando): scherzend,
heiter, tändelnd
Scherzo (spr. skerzo): heiteres
Stück (meist $^3/_4$-Takt)
Schlagfiguren (32)
Schleifer (30)
Secco-Rezitativ: das nur mit Mar-
kierung der Harmonien beglei-
tete Rezitativ
seconda volta: das 2. Mal
Segno (spr. ßenjo): Zeichen
segue (spr. ßegwe): es folgt
Sekund (21)
Sekundakkord (37)
semplice (spr. semplitsche): ein-
fach
sempre: immer
Sentimento: Gefühl, Empfindung
senza: ohne
Sept (22)
Septakkord (36)
Septett: Komposition für sieben
Instrumente
Sequenz (41)
Serenade: Ständchen
sereno: heiter
serioso: ernsthaft
Sext (22)
Sextakkord (36)

Sextett: Komposition für sechs Instrumente oder Singstimmen
Sextole (10)
sforzato: verstärkt (23)
Siciliano (spr. ßitschianc): alter
Tanz von ruhiger Bewegung
im $^6/_8$- oder $^{12}/_8$-Takt von
pastoralem Charakter
simile: auf gleiche Weise weiter
sine: ohne
Sinfonie: siehe Symphonie
Sistro: Triangel
smorzando: verlöschend,
ersterbend
soave: lieblich
solfeggio (spr. solfeddscho): Ge-
sangsübung ohne Text
solemnis: festlich, feierlich
Soli: Mehrzahl von Solo
solo: allein
Sonate (48)
Sonatine (48)
sonora: klangvoll
sopra: oben
Sopran: Stimmlage (höchste
Frauenstimme) (27)
Sopranschlüssel (7)
Sordino: Dämpfer
sostenuto: ausgehalten
sotto: unten, auch gedämpft (z. B.
sotto voce = gedämpfte Stimmen)
Souvenir: (spr. suwenir): Erinne-
rung
spiccato: gestoßen
spirituoso: feurig, belebt
staccato: (26)
Stammtöne (6)
Stil (49)
Stimmlagen (27)
strepituoso: lärmend
stretto: drängend
stringendo (spr. ßtrindschendo):
eilend, schneller werdend
Subdominante (35)
subito: schnell, plötzlich
Suite (47)
Symphonie (48)
Synkope (12)

T

Tabulatur: Ziffern- oder Buchstabenschrift für alte Orgel- oder Lautenmusik

tacet: man schweige, pausiere (13)

Takt (11)

Taktarten (11)

Taktieren (32)

Tambourin: Handtrommel mit Schellen

Tamtam: großes chines. Becken (auch Gong genannt)

tanto: viel, sehr (non tanto = nicht sehr)

Tarantella: neapolitanischer Tanz im $^3/_8$- oder $^6/_8$-Takt

Tasto: Taste, Tasto solo (43)

Tempo (24)

Tempo primo: im 1. Tempo

Tenor: höchste Männerstimme (27)

Tenorschlüssel (7)

tenuto (ten.): gehalten (26)

Terz (21)

Terzett: Komposition für 3 Singstimmen

Terzquartakkord (37)

Tetrachord (Viertöner) (15)

Thema: Motiv, Gedanke einer Komposition

Timpani: Pauken

Toccata: stark figurierte Fantasie für Orgel, Cembalo oder Klavier

Tonale Rückungen (41)

Tongemälde: Musik, die ein Bild in Tönen zu geben versucht

Tongeschlecht: Dur-männlich, moll-weiblich, ohne Terz-geschlechtslos

Tonika: Grundton einer Tonleiter oder Tonart (35)

Tonleiter (15)

Tonsystem (6)

Tonumfang-Tabelle (8)

tranquillo: ruhig

Transkription: Übertragung

transponieren: in eine andere Tonart übertragen

transponierende Instrumente: sind solche, deren Klang anders ist als deren Notation

tre corde: (»drei Saiten«) das linke Klavierpedal aufheben

Tremolo: Beben, Zittern (Vornuance)

Triller (30)

Trio: 1. Kammermusikvereinigung von 3 Solisten / 2. dreistimmige Komposition in mehreren Sätzen / 3. Mittelsatz eines Marsches oder Tanzes (46)

Triole (10)

tripel: dreifach

Tripelfuge (50)

Tritonus: übermäßige Quart

Tromba: Trompete

Trombone: Posaune

troppo: zu viel, zu sehr

Trugschluß: Akkordfolge Dominante-Tonikaparallele

turca: türkisch

tutta la forza: mit ganzer Kraft

tutti: alle (Gegensatz: solo = allein) (46)

Tyrolienne (spr. türoljenn): Tirolerlied, Ländler

U

Übermäßiger Quintsextakkord (40)

Umkehrung (36)

un, una: ein, eine

una corda (u. c): (»eine Saite«) = linkes Klavierpedal niederdrücken

Undezim (21)

un poco: ein wenig

Ungerade Taktarten (11)

Unisono: Einklang (35)

Ur-Moll (17)

V

Valse: (spr. walß): Walzer

Varianten: verschiedene Lesarten

Variation (46)

veloce: behende, flink

Ventil: (lat. ventus = der Wind) Klappe zur Verlängerung oder Verkürzung der Röhre bei Blasinstrumenten

Verminderter Septakkord (37)
Versetzungszeichen (13)
Verzierungen (29)
Vibrato: Bebung
Vi-de: die zwischen Vi- und -de
stehenden Takte können aus-
gelassen werden
Viertöner (s. Tetrachord)
vif: lebhaft
Villanella: it. Tanzlied aus dem
16. Jahrhundert
Violinschlüssel (7)
Virtuose: Künstler, der sein In-
strument absolut beherrscht
Vista: Blick (prima vista =
1. Blick, vom Blatt)
vivace (spr. wiwatsche): lebhaft
vivo: belebt
voce, vox: Stimme
volta: la prima volta: das erste
Mal
volti: wende um (V. S. = volti
subito – schnell umwenden)
Vorhalt (38)
Vorschlag (29)
Vortragsbezeichnungen (23)

Vox humana: menschliche Stimme
(Orgelregister)

W

Walzer (48)
Wechselnoten (38)
Wiederholungszeichen (31)

X

Xylophon: Holzschlaginstrument
mit Strohunterlage oder Reso-
nanzkasten aus Holz

Z

Zargen: Seitenwände der Streich-
instrumente
Zelo: Eifer
zeloso: eifrig
Zigeuner-Moll (18)
Zingaresca: Zigeunerlied
Zusammengesetzte Taktarten (11)
Zwölftonmusik: Musik, der nicht
ein tonales Zentrum zugrunde
liegt. Sie wird aus einer Reihe
von 12 Tönen gebildet, die
keine tonale Verbindung auf-
weisen.

LEBENSDATEN DER KOMPONISTEN

Die Zeit vor Johann Sebastian Bach

Bull, John, 1563—1628
Byrd, William, 1543—1623
Des Près, Josquin, 1450—1521
Dowland, John, 1563—1626
Dufay, Guillaume, 1400—1474
Eccard, Johannes, 1553—1611
Frescobaldi, Girolamo, 1583—1643
Gabrieli, Andrea, 1510—1586
Gabrieli, Giovanni, 1557—1612
Gumpeltzhaimer, Adam,
 1559—1625
Hassler, Hans-Leo, 1564—1612
Isaac, Heinrich, 1450—1517
Lasso, Orlando di, 1532—1594
Lechner, Leonh., um 1550—1606
Monteverdi, Claudio, 1567—1643

Morley, Thomas, 1557— um 1603
Ockeghem, Johannes, 1430—1495
Palestrina, G. Pierluigi da,
 1525—1594
Peuerl, Paul, um 1570—1625
Praetorius, Michael, 1571—1621
Rhaw, Georg, 1488—1548
Scheidt, Samuel, 1587—1654
Schein, Joh. Herm., 1586—1630
Schütz, Heinrich, 1585—1672
Senfl, Ludwig, um 1492—1550
Sweelinck, Jan Pieterszon,
 1562—1621
Walther, Johann, 1496—1570
Willaert, Adrian, 1490—1562

Die Zeit um Johann Sebastian Bach

(Generalbaßzeitalter)

Abaco, E. Felice dall', 1675—1742
Albert, Heinrich, 1604—1651
Albinoni, Tommaso, 1674—1745
Bach, Johann Sebast., 1685—1750
Biber, H. Fr. von, 1644—1704
Böhm, Georg, 1661—1733
Bononcini, Giovanni B.,
 um 1665—1750
Buxtehude, Dietrich, 1637—1707
Caldara, Antonio, 1670—1736
Corelli, Arcangelo, 1653—1713
Couperin, Francois, 1668—1733
Daquin, Claude, 1694—1772
Fasch, Joh. Fr., 1688—1758
Fischer, Johann, 1640—1721
Fischer, Johann Kasp. Ferd.,
 1650—1746
Froberger, Joh. Jak., 1616—1667
Fux, Joh. Josef, 1660—1741
Geminiani, Francesco, 1674—1762
Graun, Karl Heinr., 1703—1759
Graupner, Christoph, 1683—1760
Händel, Georg Friedr., 1685—1759
Hasse, Joh. Adolf, 1699—1783

Keiser, Reinhard, 1674—1739
Kirnberger, Joh. Phil., 1721—1783
Krieger, Adam, 1634—1666
Krieger, Joh. Phil., 1649—1725
Kuhnau, Johann, 1660—1722
Leclair, Jean Marie, 1697—1764
Locatelli, Pietro, 1695—1764
Lotti, Antonio, 1667—1740
Lübeck, Vincent, 1654—1740
Lully, Jean Baptiste, 1632—1687
Manfredini, Francesco, 1688—?
Mattheson, Joh., 1681—1764
Muffat, Georg, 1645—1704
Muffat, Gottlieb, 1690—1770
Nardini, Pietro, 1722—1793
Pachelbel, Johann, 1653—1706
Pepusch, Joh. Christ., 1667—1752
Porpora, Nicola, 1686—1766
Pugnani, Gaetano, 1731—1798
Purcell, Henry, 1658—1695
Quantz, Johann Joachim,
 1697—1773
Rameau, Jean Phil., 1683—1764
Rathgeber, Valentin, 1682—1757

Sammartini, Giov. B., 1701—1775
Scarlatti, Alessandro, 1659—1725
Scarlatti, Domenico, 1685—1757
Tartini, Giuseppe, 1692—1770
Telemann, Georg Phil.,
   1681—1767
Torelli, Giuseppe, 1658—1709

Veracini, Francesco, Maria,
   1685—1750
Vivaldi, Antonio, 1680—1743
Walther, Johann Gottfried,
   1684—1748
Weckmann, Matthias, um 1619
   bis 1674
Zachow, Fr. Wilhelm, 1663—1712

Die Wiener Klassiker

Haydn, Josef, 1732—1809
Mozart, Wolfgang Amadeus,
   1756—1791

Beethoven, Ludwig van,
   1770—1827
Schubert, Franz, 1797—1828

Die Zeit zwischen Bach und Beethoven

Bach, Carl Phil. Emanuel,
   1714—1788
Bach, Joh. Christian, 1735—1782
Bach, Joh. Christoph, 1732—1795
Bach, Wilhelm Friedemann,
   1710—1784
Bellini, Vincenzo, 1801—1835
Boccherini, Luigi, 1743—1805
Boieldieu, François, 1775—1834
Cherubini, Luigi, 1760—1842
Cimarosa, Domenico, 1749—1801
Clementi, Muzio, 1746—1832
Cramer, Joh. Bapt. 1771—1858
Diabelli, Anton, 1781—1858
Dittersdorf, Karl Ditters von
   1739—1799
Donizetti, Gaetano, 1797—1848
Dussek, Joh. Ladislaus, 1760—1812
Gluck, Christoph Willibald,
   1714—1787
Gossec, François Josef,
   1734—1829
Häßler, Johann Wilhelm,
   1747—1822
Hiller, Joh. Adam, 1728—1804
Hoffmann, E. Th. A., 1766—1822

Hummel, Joh. Nep., 1778—1837
Kreutzer, Konradin, 1780—1849
Kuhlau, Friedrich, 1786—1832
Méhul, Etienne, 1763—1817
Neefe, Christian Gottlieb,
   1748—1798
Paganini, Nicolò, 1782—1840
Pergolesi, Giov. Battista,
   1710—1736
Pleyel, Ignaz Jos., 1757—1831
Reichardt, Joh. Fr., 1752—1814
Richter, Franz Xaver, 1709—1789
Salieri, Antonio, 1750—1825
Schulz, Joh. Abr. Peter,
   1747—1800
Spontini, Gasparo, 1774—1851
Stamitz, Johann, 1717—1757
Stamitz, Karl, 1746—1801
Türk, Dan. Gottlieb, 1756—1813
Viotti, Giov. Battista, 1753—1824
Wagenseil, Georg Christoph,
   1715—1777
Weber, Carl Maria von,
   1786—1826
Zelter, Karl Friedrich, 1758—1832
Zumsteeg, Joh. R., 1760—1802

Das 19. Jahrhundert

Adam, Adolphe, 1803—1856
Auber, Dan. Fr. E., 1782—1871
Berlioz, Hector, 1803—1869

Bizet, Georges, 1838—1875
Borodin, Alexander, 1833—1887
Brahms, Johannes, 1833—1897

Bruch, Max, 1838—1920
Bruckner, Anton, 1824—1896
Chopin, Frédéric, 1810—1849
Cornelius, Peter, 1824—1874
Czerny, Carl, 1791—1857
Dvcřák, Anton, 1841—1904
Flotow, Friedr. von, 1812—1883
Franck, César, 1822—1890
Franz, Robert, 1815—1892
Gade, Niels W., 1817—1890
Glinka, Michail, 1804—1857
Goldmark, Karl, 1830—1915
Götz, Hermann, 1840—1876
Gounod, Charles, 1818—1893
Grieg, Edvard, 1843—1907
Halevy, J. F., 1799—1862
Heller, Stephen, 1813—1888
Humperdinck, Engelbert,
    1854—1921
Jensen, Adolf, 1837—1897
Kirchner, Theodor, 1823—1903
Kullak, Theodor, 1818—1882
Lanner, Josef, 1801—1843
Liszt, Franz, 1811—1886
Loewe, Carl, 1796—1869
Lortzing, Albert, 1801—1851
Maillard, Louis, 1817—1871
Marschner, Heinrich, 1795—1861
Massenet, Jules, 1842—1912
Mendelssohn-Bartholdy, Felix,
    1809—1847
Meyerbeer, Giacomo, 1791—1864

Millöcker, Karl, 1842—1899
Mussorgsky, Modest, 1839—1881
Nicolai, Otto, 1810—1849
Offenbach, Jacques, 1819—1880
Raff, Joachim, 1822—1882
Reissiger, Karl Gottl., 1798—1859
Rimskij-Korssakoff, 1844—1908
Rossini, Gioacchino, 1792—1868
Rubinstein, Anton, 1829—1894
Saint-Saëns, Camille, 1835—1921
Sarasate, Pablo de, 1844—1908
Schumann, Robert, 1810—1856
Sgambati, Giovanni, 1841—1914
Silcher, Friedrich, 1789—1860
Sinding, Christian, 1856—1941
Smetana, Friedrich, 1824—1884
Spohr, Louis, 1784—1859
Strauß, Johann (Vater),
    1804—1849
Strauß, Johann (Sohn),
    1825—1899
Suppé, Franz von, 1819—1895
Thomas, Ambroise, 1811—1896
Tschaikowsky, Peter, Ilijtsch
    1840—1893
Verdi, Giuseppe, 1813—1901
Vieuxtemps, Henri, 1820—1881
Volkmann, Robert, 1815—1883
Wagner, Richard, 1813—1883
Wolf ,Hugo, 1860—1903
Zuccalmaglio, Anton W.,
    1803—1869

Neuere Zeit

(Spätromantik, Impressionismus, Moderne)

d'Albert, Eugen, 1864—1932
Andreae, Volkmar, 1879—1962
Badings, Henk, geb. 1907
Bartók, Béla, 1881—1945
Baußnern, Wald. v., 1866—1931
Beck, Conrad, geb. 1901
Beckerath, Alfred von, geb. 1901
Berg, Alban, 1885—1935
Bialas, Günter, geb. 1907
Biersack, Anton, geb. 1908
Blacher, Boris, geb. 1903
Borck, Edmund v., 1906—1944

Bornefeld, Helmut, geb. 1906
Borris, Siegfried, geb. 1906
Bräutigam, Helmut, 1914—1942
Braunfels, Walter, 1882—1954
Brehme, Hans, 1904—1957
Bresgen, Cesar, geb. 1913
Britten, Benjamin, geb. 1913
Büchtger, Fritz, geb. 1903
Burkhard, Willy, 1900—1955
Busoni, Ferruccio, 1866—1924
Butting, Max, geb. 1888
Casella, Afredo, 1883—1947

Chatschaturjan, Aram, geb. 1904
Dallapiccola, Luigi, geb. 1904
David, Joh. Nepomuk, geb. 1895
Debussy, Claude, 1862—1918
Degen, Helmut, geb. 1911
Delius, Frederick, 1838—1920
Distler, Hugo, 1908—1942
Dohnányi, Ernst v., 1877—1960
Dressel, Erwin, geb. 1909
Drießler, Johannes, geb. 1921
Dukas, Paul, 1865—1935
Egk, Werner, geb. 1901
Einem, Gottfried von, geb. 1918
Elgar, Edward, Sir, 1875—1934
Engelmann, Hans Ulrich,
     geb. 1921
Erbse, Heimo, geb. 1924
Erpf, Hermann, geb. 1891
Falla, Manuel de, 1876—1946
Finke, Fidelio, geb. 1891
Fortner, Wolfgang, geb. 1907
Françaix, Jean, geb. 1912
Fricker, P. Racine, geb. 1920
Frommel, Gerhard, geb. 1906
Fussan, Werner, geb. 1912
Gál, Hans, geb. 1890
Genzmer, Harald, geb. 1909
Gershwin, George, 1898—1937
Gerster, Ottmar, geb. 1897
Glasunow, Alexander, 1865—1936
Gotovac, Jakov, geb. 1895
Grabner, Hermann, geb. 1886
Graener, Paul, 1872—1944
Gretchaninoff, 1864—1956
Haas, Joseph, 1879—1960
Hába, Alois, geb. 1893
Hartmann, Karl Amadeus,
     1905—1963
Hauer, Jos. M., 1883—1959
Hausegger, Siegm. v., 1872—1948
Heger, Robert, geb. 1886
Helm, Everett, geb. 1913
Henze, Hans Werner, geb. 1926
Herrmann, Hugo, 1896-1967
Hessenberg, Kurt, geb. 1908
Hindemith, Paul, 1895—1963
Höffer, Paul, 1885—1949
Höller, Karl, geb. 1907
Honegger, Arthur, 1892—1955

Husa, Karel, geb. 1921
Ibert, Jacques, 1890—1962
d'Indy, Vincent, 1851—1931
Jacobi, Wolfgang, geb. 1895
Jánaček, Leos, 1845—1928
Jarnach, Philipp, geb. 1892
Jelinek, Hanns, geb. 1901
Kadosa, Paul, geb. 1903
Kaminski, Heinrich, 1886—1946
Kienzl, Wilhelm, 1857—1941
Kilpinen, Yrjö, 1892—1959
Klebe, Giselher, geb. 1925
Knab, Armin, 1881—1951
Knorr, Ernst-Lothar von,
     geb. 1896
Kodály, Zoltán, geb. 1882
Korngold, Erich Wolfg., 1897—1957
Křenek, Ernst, geb. 1900
Kukuck, Felicitas, geb. 1914
Künneke, Ed., 1885—1953
Lang, Hans, geb. 1897
Lemacher, Heinrich, geb. 1891
Lendvai, Erwin, 1882—1949
Lehár, Franz, 1870—1948
Leoncavallo, Ruggiero,
     1859—1919
Liebermann, Rolf, geb. 1910
Lincke, Paul, 1866—1946
Ljadow, Anatol, 1853—1914
Maasz, Gerhard, geb. 1906
MacDowell, Edward, 1861—1908
Mahler, Gustav, 1860—1911
Maler, Wilhelm, geb. 1902
Malipiero, Franc., geb. 1882
Martin, Frank, geb. 1890
Martinon, Jean, geb. 1910
Martinů, Bohuslav, 1890—1959
Marx, Joseph, 1882—1964
Marx, Karl, geb. 1897
Mascagni, Pietro, 1863—1945
Mendelssohn, Arnold, 1856—1933
Messiaen, Olivier, geb. 1908
Micheelsen, Hans Fr., geb. 1902
Milhaud, Darius, geb. 1892
Mjaskowskij, Nicolay,
     1881—1950
Mohler, Philipp, geb. 1908
Müller, Sigfrid Walther
     1905—1946

Müller-Zürich, Paul, geb. 1898
Nono, Luigi, geb. 1926
Orff, Carl, geb. 1895
Papandopulo, Boris, geb. 1906
Pepping, Ernst, geb. 1901
Petrassi, Goffredo, geb. 1904
Petridis, Petro, geb. 1892
Petyrek, Felix, 1892-1951
Pfitzner, Hans, 1869—1949
Piechler, Arthur, geb. 1896
Poulenc, Francis, geb. 1899
Prokofieff, Serge, 1891—1953
Puccini, Giacomo, 1858—1924
Rachmaninoff, Serge W.,
    1873—1943
Raphael, Günter, 1903—1960
Ravel, Maurice, 1875—1937
Reda, Siegfried, geb. 1916
Reger, Max, 1873—1916
Rein, Walter, 1893—1955
Respighi, Ottorino, 1879—1936
Reutter, Hermann, geb. 1900
Reznicek, Emil N. v., 1860—1945
Rohwer, Jens, geb. 1914
Schillings, Max von, 1868—1933
Schmid, Heinr. Kasp.,
    1874—1953
Schmidt, Franz, 1874—1939
Schneider, Willy, geb. 1907
Schoeck, Othmar, 1886—1957
Schoenberg, Arnold, 1874—1951
Schostakowitsch, Dimitri,
    geb. 1906
Schreker, Franz, 1878—1934
Schroeder, Hermann, geb. 1904
Schumann, Georg, 1866—1952
Scott, Cyrill, geb. 1879
Sendt, Willy, 1907—1952

Seiber, Matyas, 1905—1960
Sessions, Roger, geb. 1896
Sibelius, Jean, 1865—1957
Siegl, Otto, geb. 1896
Skrjabin, Alexander, 1872—1915
Slavenski, Josip, 1896—1955
Spitta, Heinrich, geb. 1902
Stephan, Rudi, 1887—1915
Strauss, Richard, 1864—1949
Strawinsky, Igor, 1882—**1971**
Stürmer, Bruno, 1892—1958
Sutermeister, Heinrich, geb. 1910
Szymanowski, Karol, 1883—1937
Thomas, Kurt, geb. 1904
Tippett, Michael, geb. 1905
Toch, Ernst, 1887—1964
Tscherepnin, Alex., geb. 1889
Turina, Joaquin, 1882—1949
Uhl, Alfred, geb. 1909
Unger, Hermann, 1886—1958
Villa-Lobos, Heitor, 1887—1959
Wagner, Siegfried, 1869—1930
Wagner-Régeny, Rud., geb. 1903
Weber, Ludwig, 1891—1947
Webern, Anton von, 1883—1945
Weill, Kurt, 1900—1950
Weismann, Julius, 1879—1950
Wellesz, Egon, geb. 1885
Wetz, Richard, 1875—1935
Wittmer, Eberhard Ludwig,
    geb. 1905
Wohlgemuth, Gerhard, geb. 1920
Wolf-Ferrari, Ermanno,
    1876—1948
Zilcher, Hermann, 1881—1948
Zillig, Winfried, 1905—1963
Zimmermann, Bernd Alois,
    1918-1970